XIAOXUE XIZUO JIAOXUE DE TUWEI YU SHIJIAN

小学习作教学的突围与实践

李玉勤　著

安徽师范大学出版社

·芜湖·

图书在版编目(CIP)数据

小学习作教学的突围与实践 / 李玉勤著. 一 芜湖:
安徽师范大学出版社,2018.5
ISBN 978-7-5676-3492-3

Ⅰ.①小… Ⅱ.①李… Ⅲ.①作文课－教学研究－小学
Ⅳ.①G623.242

中国版本图书馆 CIP 数据核字(2018)第 085257 号

小学习作教学的突围与实践　　　　李玉勤　著

责任编辑:房国贵
封面设计:赵俊凯
出版发行:安徽师范大学出版社
　　　　　芜湖市九华南路189号安徽师范大学花津校区
网　　址:http://www.ahnupress.com/
发 行 部:0553-3883578　5910327　5910310(传真)
印　　刷:虎彩印艺股份有限公司
版　　次:2018年5月第1版
　　　　　2018年5月第1次印刷
规　　格:700 mm × 1000 mm　1/16
印　　张:13
字　　数:243千字
书　　号:ISBN 978-7-5676-3492-3
定　　价:46.00元

如发现印装质量问题,影响阅读,请与发行部联系调换。

序 习作教研路 探索有斯人

习作教学研究，一直是小学语文教学的重点和难点。21世纪以来，习作教学课堂逐渐从花哨走向务实，老师们逐渐认识到，花样繁多的教学形式只是诱发学生写作能力的手段，真正的习作教学成效，应从踏实的教学实践中来。为了让孩子们身心愉悦地以习作的方式交流和表达，一大批探索者们执着坚定地研究、实验、交流、总结，突破"为习作而习作"的藩篱和禁锢，走出一条条自主习作、快乐习作的通衢。

当前，学生的学业负担依然很重。从一年级开始，除了应对语文、数学、英语等校园规定课程，每日完成书写、阅读、背诵或手工等家庭作业，很多孩子还在校外上各种各样的艺术班、培优班……奔波在写字楼、艺术中心的孩子们，犹如"上班族"。这么"疲累"的孩子，怎么提高他们的习作水平呢？"加餐"既不可行，不如在"正餐"上下功夫。

李玉勤老师即是这样一位善于烹饪习作"正餐"的特级教师。他的习作教研活动立足课堂、立足教材，从低年级词串开始进行写话训练，不仅悉心梳理了教材习作体系，精心组织每一次习作活动，还紧紧抓住课文，挖掘每一个细节作为写作生发点，随时性、及时性地进行常态化的习作指导。他先后主持国家级、省级课题研究，成果颇丰，今天又有这样一本习作研究的专著即将出版，实在让人钦敬。

李老师尊重学生。他认为，学生习作的基点应当是个体生命原生态的展示，既没有任何扭曲和约束，也无须任何遮掩和伪装，真正做到走入内心，张扬自我。所以，学生的写，是基于内心情感的自然抒发和自由表达，而不是什么华美的、规范的、板正的应试文章。在李老师的引领下，学生通过习作发现问题、表达内心、沉淀思想、解决问题。一个学生写自己家的一只"歪嘴母鸡"，说它"生出来的小鸡也跟它的妈妈一样整天歪着嘴"，好像还会和小主人说话。还有一个学生写自己和小狗赛跑，"我加速，它也加速，还在那里伸着舌头喘气，可有趣了！我也停在那里气喘吁吁。我看它一眼，它也看我一眼"。多富有儿童生活情趣呀！短短几行，没有特别精彩的词汇，叙述朴实，但却极具画面感。朴素是为大美，这也是学生习作起始阶段的应有之义。只有真正地尊重学生、热爱学生的老师，才会发现并放大这种原生态之美。李老师善于发现学生的美，张扬学生的美，深知"学生有自己的好恶，有自己对事物的看法和态度，有自己的愿望和理想。尽管他们的想象有可能不切合实际，尽管他们的愿望和理想难免幼稚，但这些，都是他们用自己头脑独立分辨是非的开始，是摆脱平庸树立远大理想和抱负的起点，需要的也只是教师随时关注、引导和矫正"。当学生以平等的姿态和老师交流、探讨，抒发己见，哪怕是无稽之谈，也能够得到老师温情的回应，习作便成了愉悦的过程。

李老师热衷教学，他因热衷而专业。在这本书里，有大量生动鲜活的教学实例，展示了大量一手的教学设计和学生习作。课堂上，他妙语连珠，引经据典，信手拈来。在他的课堂上，有时候是光头强办动物园，请大家来做动物名片，学生置身于创设的情境中，兴趣盎然。学过《艾滋病的小斗士》一文之后，"充分依赖学生的知识储备，借助对已学过课文的回忆、分析，以及对现有课文的结构关照，自然地归纳出倒叙这一写作方法的基本要求"，让"学生在具体的实践中，明白取材的方式方法，材料顺序的排列技巧"。于是，学生以倒叙的手法写春游因雨取消，大家由激动而沮丧，行文感情真挚，情节跌宕起伏。李老师吃透教材，把教材的写作因素运用得如鱼得水。从词语、句段到篇章，直至单元整体教学，他都能洞悉出独特的写作契机，让孩子们一句句地把话说清楚、说明白、说生动。他曾言，如果我们能依托文本，就文取材，"及时地把写话训练有机地糅进文本阅读教学之中，发挥课文的典型优势"，深化学生对文本的感悟，引导学生入情入境，启迪他们的思维，每个孩子都可以笔下生花"。而他，就是习作百花园里精耕细作的园丁。

让学生写出"兴趣""信心"和"精彩"，李玉勤老师做到了。这部书稿，收录了大量来源于一线教学的课堂案例，让我看到了习作教学研究的春天。教师课堂上循循善诱的话语，孩子们文字中流露出的真切朴实，无不让人感佩于中。这是实实在在的习作探索之路，也是卓有成效的习作教学之路。李老师的习作研究，放大了教材的使用效应，是对教材的完美诠释，作为苏教版小语教材的编者，我深为感动。

希望更多的教师像李玉勤老师一样，不断探究，笔耕不辍，让小学语文教学领域的智慧成果如繁星点点，照亮夜空！

朱家珑

2018年2月6日

（朱家珑，南京凤凰母语教育科学研究所所长，华东师范大学语文教育研究中心兼职研究员）

目　　录

上编　理念

下编　实践

上编　理念

第一章　小学习作教学的困惑与突围

《语文课程标准》中关于写作的"具体建议"指出:"写作是运用语言文字进行表达和交流的重要方式,是认识世界、认识自我、进行创造性表述的过程。"儿童比成人更多地保留着人类灵性中的真、善、美。童心、童趣、童话、童真则是人类精神和灵魂——真、善、美的本源,是最典型、最本质的体现。儿童内心独特的感受和体验千差万别、色彩斑斓,儿童习作正是他们展示感受和体验的主要途径。

然而,长期以来,学生习作都呈现出内容相近,写法相似,小孩子说大人话的倾向。习作字里行间缺乏儿童的生活气息与活力,触摸不到纯洁无瑕的童心,搜寻不到天真烂漫的童趣,品读不到娇憨逗人的童话,感受不到纯朴率直的童真。如此习作现状令人担忧,甚感悲哀。

第一节　困惑:是什么让学生习作失去了热情

为什么会造成习作教学这样的困境呢?笔者以为,大致存在六种不良的倾向。

一、习作地位不高,从属现象严重

我们的语文课程教学中,习作教学在实际教学计划中被置于从属地位,即"学科无地位"。同时,从笔者对一些教师的访谈中可以感受到,许多语文教师忽视习作教学,对于教材单元口的习作,教师甚至只是读一下要求,然后直接让学生自己去写。某些教师更是认为,习作是不可教的,需要学生自己去悟。再加上考试中的习作不论如何命题,学生都能写一些,分数相差也不大。正因为这些观点,教师不能采取恰当的方法进行习作教学,具有很强的随意性。而正是教师的这种随意性,造就了学生对习作课的积极性不高。从笔者对于学生的调查中可以得知,有一半多学生认为习作课严肃无趣、平稳单调甚至难以忍受。尤其随着学生年龄的增长,越来越多的学生习作积极性在下降。可以推测高年级学生学习任务与日俱增,习作教学要求的难度也在增加,在重压下,学生的学习兴趣会日渐减少,对习作课的积极性也将所剩无几。

二、所定标准过高,挫伤写作兴趣

不少教师把学生习作当成"文艺创作",用成人作品的标准要求学生——内容要"新、奇、巧",语言文字要生动、优美。例如,有位教师带着学生去参观生态园,学生看到的是清澈的河水、高雅的鹅群、蹦跳的鱼虾、欢乐的渔民。学生心中想法各异,有着抑制不住的真情想倾诉:有的想赞美秀丽的池塘,有的想歌颂勤劳的人们。可习作前教师却要求他们的习作一定要有"教育意义",要和当今社会热切关注的主题"生态"联系起来写。学生面对"生态"这一晦涩的词汇感到不知所措,原先内心的真情实感变得枯燥无味,写出的文字稚拙、浅显。对此,教师还常常恨铁不成钢,把孩子的习作批得"体无完肤"。久而久之,学生对习作就有了一种"高不可攀"的感觉。学生怕写作文,谈文色变,渐渐失去了习作的兴趣。这是缘于教师从经验出发,把自己的认识强加给学生。

三、命题主观概念,脱离生活体验

习作缺乏说真话的环境,因而很难产生倾诉心声的愿望。长期以来,我们的习作常以命题或半命题为主,然后指导学生审题、选材、立意、构思、起草等。有的题目太空太大,学生便产生了"老虎吃天,无从下口"的感觉。于是习作常常脱离了儿童生活实际,脱离了儿童的心理特点。面对自己不喜欢的题目,学生生编硬凑,习作的乐趣当然也无从感受。例如,习作考题常常是写"一件事",其实小学生在日常生活中做好事不多,做坏事更少,做错事倒有很多。教师为了迎合习作考试的要求,就反复让学生写"我做了一件好事"。于是学生行文之中,就开始编些虚假的好事——扶盲人过马路、上车让位子、路上拾票子、途中扶孩子、帮忙推车子……试问在学生生活中能有几次这样的经历呢?学生自己没经历也要硬写,只能模仿多少代人凭空模仿的文字,以求完成习作任务。这种概念化、套子化、虚假化的习作,压根儿与学生的思想感情无关。这不仅浪费了学生的习作资源,使他们缺失了展示自我的机会,失去了吐露心声的平台,更会间接地"逼使"学生以成人腔说假话、套话、空话,使他们性格扭曲,如果不被觉察,严重地可能影响他们的一生。

四、指导方法机械，制造八股格式

好文章有若干标准，其中很重要的一条就是要有"真情实感"。有句话说得好：文章应该事真、情真、理真，否则就如剪彩为花，刻纸为叶，不可能有生命活力。现在教师指导学生习作习惯用两种方法：一是机械地模仿范文。例如，教过《荷花》后，就要学生按照描写荷花的形态、颜色、香味来描写其他花卉。二是根据现成提纲习作，即教师根据习作题目自己先列出提纲，或者经过集体讨论列出提纲，然后让学生据此写文章。如，班级开展了做书签的活动，让大家先讨论如何做，然后列出提纲，含如何积极准备材料，做书签的过程——剪裁、画图、题字，做好书签的心情等。这样先写什么，后写什么，都有了"模式"。更有甚者，教师把习作要用的词语全部抄给学生，这样写出的习作也许看起来严谨，有条理，但这是教师预先安排好的，不是学生自己的东西，全班学生所写的内容千篇一律，谋篇布局出乎一套模子，文字很难有生气。

试想，一个只会拼凑的孩子，将来会成为一个什么样的人呢？概念化使他们的思维产生惰性，形成定势，思想变得浮浅，感情变得冷漠，创造能力和进取精神弱化。

五、偏重形式美感，追求华丽辞藻

儿童写作是小学语文教学的重要部分，是儿童将学习的语文知识应用于实践的训练过程。这无疑告诉我们的老师，一定要重视儿童应用语文基础知识、表达思想感情的能力和水平，要重视检验他们掌握语言的能力。然而，许多老师却偏爱于华丽辞藻、优美句子，从小学到高中，都有这种偏向。学生追求词华句美，拼命堆砌形容词，竭力多用排比、对偶、比喻、夸张等手法，而轻视内容的真实、情感的真切，不仅使孩子养成华而不实的学风，也会使他们处事作风浮夸，养成重形式做表面文章的陋习。

六、评讲随心所欲，缺少人文关怀

习作评讲是学生习作后师生之间的多元对话交流，是对学生习作的一种反馈形式。评讲是写作教学中的重要环节，是命题、指导、批改等环节的归纳、总结和提高。但长期以来，学生习作的评讲一直不被重视。即使教师评讲学生的习作，也不够及时，缺乏相应的人文关怀。学生每次把习作本交上来后，不少教师由于手头工作较多，能拖则拖，实在不能拖时才批改。可到那时，已过十天半月了。对于上次习作的内容与写作情境，学生早已忘记十之八九了。等教师把批改好的习作本发到他们手里进行评讲的时候，大多数学生的热情已经消失，只是浏览一下成绩或评语而已，教师的辛苦劳动大多付之东流。就算该习作评讲有针对性，却把学生具体鲜活、充满了酸甜苦辣的习作过程给忽视了。评讲课前教师不了解这些困难，不谈解决这些困难的办法，效果也就大打折扣了。

另外，僵化的习作评讲程式也会导致学生无精打采、昏昏欲睡，使评讲效果不能成为促进学生习作进步的阶梯。有的评讲课，从头至尾都是教师唱主角，课堂成为"一言堂"，学生处于从属被动的"受指导"地位，又如何能激发他们的习作热情呢？

以上习作教学的六种倾向，阻碍了儿童流淌心声的重要渠道，也掩盖了儿童真实的生命色彩，对儿童的教育也因没有针对性而陷于盲目说教。

第二节　突围：让学生习作还儿童心灵的原貌

学生习作的基点应当是个体生命原生态的展示，既没有任何扭曲和约束，也无须任何遮掩和伪装，真正做到走入内心，张扬自我。虽然这种生命原生态的展示往往带有很大的自发性，但它是个性的真实，具有珍贵的独特感受，富有生命的意义，应当得到人们的尊重和呵护。

当然，这种学生习作的真实展示，是生动的也是朴素的，犹如从石中剥离出来的璞。而这种提供了真实但也显得粗糙的原貌，也正是教师精心雕琢的可靠依据。如果教师能通过这个精心雕琢的过程开发学生生命的活力，又能有针对性地对学生个性进行科学引导，那么，我们就会塑造出一个个健康高尚的灵魂，细琢成一块独特而又精致的"美玉"。

下面，结合课程标准与当前育人观，笔者从学生习作的态度、情感、价值观等方面，谈谈如何努力改变当前学生习作的现状。

一、营造环境，开启学生习作心灵的通道

课程标准要求"改进作文命题方式，提倡学生自主选题"。当然，提倡学生自主选题，并不是不写命题作文，而不写的应该是那些枯燥乏味、限制太死、脱离学生生活实际的命题。真正需要学生写的，应该是以学生为学习主体，承认个体生命的差异，重视个体生命体验的习作。就习作的实际情况来看，即使同一件事，不同学生也会有不同的生命体验、不同的兴趣点。因此，学生会选择从不同

的角度、不同的侧面入手，习作也自然各不相同。

例如，一位教师组织学生开展了水果拼盘的活动。活动过后，教师没有要求学生在有"意义"上下功夫，而是让学生在有"意思"上做文章，要求学生自己拟文题，自由习作。从作后反馈来看，学生习作中的题目就有很多，如《水果拼盘大比拼》《水果世界真精彩》《开心一刻》《美味大盘点》《水果自助餐》等。从这些题目中，我们可以看出学生从不同角度写下了他们难忘的一幕。而这些题目也充分体现了他们的创造性，充满了生命的气息、童心的纯真，内容让人忍俊不禁。

总之，教师应该营造宽松健康的习作氛围，给学生真实、和谐的习作空间，让学生在自由地、放松地、充分地敞开心灵世界中，想说什么就说什么，看到什么就写什么，尊重他们的独特感受。对学生习作中反映出的积极方面，教师要加以表扬与鼓励；对学生习作中反映出的一些不良思想倾向，教师要加以正确价值观的启发引导。也就是说，儿童的心灵世界并不是纯净无瑕、成熟完美的。习作展示的是心灵真貌，思想教育、道德教育、审美教育，也正要通过这种因展示心灵真实之"才"而实施。学生在习作中打开心灵秘门，充分释放的内心真貌、展示的好恶感，可能不符合老师认定的是非标准，有的认识可能是模糊的、迷惘的、矛盾的，有的甚至是错误的。教师批改不能因"思想内容不健康""观点错误"而打低等，或写批评式评语，而应换位思考，从个人与社会关系的实际思考中，找到答案，再找学生平等讨论后面改或课堂评讲。这样的评讲不是为了让学生认错，而是要使学生心悦诚服地消化吸收，并将新的认识转化为他们自己的心里话进行习作。这便是精雕细琢了，既是对人，也是对文。

二、心灵生感，表达学生习作内心的真情

学生习作注重写自己的真实生活经历，虽然真实、生动，但还只是一种客观的记录。学生习作中还需要他们投注自己的情感，这种情感应是他们用各自不同的表达方式，述说着他们各自不同的心灵触动。新一轮课程改革要求教师在习作教学中还要强调一个"真"字！要求学生在写作中"说真话、实话、心里话，不说假话、空话、套话，并抵制抄袭行为"。习作其实与做人是一致的，感情要真挚，不做作，不虚伪，不哗众取宠，表达的是自己真真切切的体验、感受。这样的文章才是好文章，这样的习作才有生命力。

如何让学生的习作因为有真情而有生命力？这就要求我们的教师时时留心学生的心灵动向，及时发现苗头，捕捉他们热切关心的事物，给他们创造自由表达

情感的机会。

　　教学完《我叫"神舟号"》后，教师问学生："假如嫦娥姐姐跟随飞船弟弟回到了家乡，我们准备怎样接待她呢？"有的学生说："哥哥给我下载了一首《歌唱祖国》的歌曲，我要送给嫦娥姐姐，让她带到月宫里去听，知道古老的神州大地发生了多么巨大的变化。"有的说："后天是我生日，我要请嫦娥姐姐吃生日蛋糕，参加我的生日宴会，尝尝好多她以前没有吃过的美味佳肴。"还有的说："上次休息日，我和小朋友一起吹泡泡。一连串的泡泡飞出来，像一串串透明的糖葫芦，五彩缤纷，大大小小，有的飞向蓝天，有的投入花丛。我要教嫦娥姐姐学吹泡泡，等她学会了吹泡泡，在月亮上吹呀吹呀，那五光十色的泡泡不是会让蓝蓝的天空变得更加美丽吗？"

　　课后，教师让学生把自己的想法写下来，学生写下的话富有真情又十分感人。类似的训练，可经常进行，久而久之，学生不仅敢吐真情，且情感越来越丰富，那份童真也悄悄然流露于笔端。教师只有尊重、关注学生，鼓励学生说出真话、表露真心，学生才会完全解除戒备心理、敬畏心理，习作也才能成为学生袒露童心、表达真情的蓝本，成为师生之间沟通的桥梁。

三、启发想象，显示学生习作语言的美感

　　语文教学要重视对学生字、词、句等的基本训练。然而仅仅满足于将已学过的"美辞""佳句"套用，便容易限制学生对描写事物深入真切的认识，封闭了他们对于形象的想象力，弱化了他们语言的创造力和表达的个性化特点。字、词、句等是为所需表达的内容服务的。有位作家曾言："有了表达思想情感的欲望，要努力把自己想表达的意思表达到最佳程度，遣词造句才有自觉性、积极性和主动性。写的欲望常常酿成情绪冲动，妙词佳句便会如获神助般流出，且带有创造性和独特性，即使掌握的词汇不够使用，也会因为有写的愿望，而随时主动从别人文中或词典中吸收补充。儿童作文，也只有出自他们各自对事物的直接感受、真实体验，表达时才会有自由驰骋的想象，才会有所创造，才会是他们心灵倾吐的个性化的表达，才能各具特色、五彩斑斓，具有纯真的童心美。这就是教师常说的"学习的积极性和主动性"。然而，现实教学中，许多教师并没有真正理解这种积极性和主动性的真正含义，采取了与自己口号相反的方式，片面诱导，片面追求词华句美，恰恰抑制了儿童倾吐心声的欲望，也扼杀了学生真正的"学习积极性和主动性"。

　　学生的语言是极为丰富的：有的娇憨十足，冒着傻气；有的想象奇特，极为

灵气；有的一语中的，充满正气；有的振振有词，咄咄逼人，透着虎气……我们不应当急于用所谓"规范化"的语言强行加以修正，而应当营造自由表达的氛围，因势利导，给学生提供宽松、民主的天地，启发、引导学生张扬个性，激发他们有创意的表达。

有一次，某学校组织学生到天目湖去游玩。在游船上，一位学生忽然说："这湖是静的，宛如明镜一般，把蓝天、白云、红花、绿树都映在它里面。"这句话引发了学生的想象，有的说，湖是软的，微风习习，波纹道道，像一幅迎风飘舞的绸；有的说，湖是硬的，像一块巨大的翡翠……多么细致的观察啊！教师当时就鼓励学生畅谈自己的感悟，并且迅速记下这些话语，布置学生回校写湖。在习作里学生们写下了一句句奇言妙语。有的写："我爱浩瀚深沉的大海，我爱奔腾不息的长江，我爱活泼欢快的小溪，但我更爱美丽温柔的湖。"有的写："湖中一定有一个明亮的水晶宫，那是鱼儿的家园，不然它们为什么会整天那么欢快？"还有的写："静静的湖是可爱的，湖上无穷无尽的圆环，像美丽的姑娘绣出的朵朵鲜花。"学生的童话天真烂漫，妙趣横生。

面对童趣十足的学生，教师要设计形式多样、富有时代气息的习作指导。

例如教完《雨点》，教师让学生到郊外仔细看一看，春天的雨点还会落在什么地方，给大自然带来那些变化？学生兴趣盎然。

学生1写：雨点落在果园里，点红了桃花。

学生2写：雨点落在树梢上，染绿了柳芽。

学生3写：雨点落在田野里，滋润了庄稼。

学生4写：雨点落在池塘里，唤醒了青蛙。

…………

学生的创造才能通过这样有情有趣的指导发挥得淋漓尽致，其个性也得到了充分张扬。而学生习作中的语言生动、形象，有着丰富的色彩，闪出智慧的光芒和个性的亮点。

四、融入生活，启导学生对大自然的热爱

叶圣陶先生说过："生活犹如泉源，文章犹如溪流，泉源丰盈，溪水自然活泼泼地昼夜不息。"学生的世界是多姿多彩的，只要我们走进学生中去，了解他们的生活，接触他们的世界，用心捕捉童趣，开掘童趣，学生的习作定会绚烂色彩。

我们教师要有一双慧眼，善于和及时捕捉学生生活中的亮点，因为学生有意

注意还处于萌芽阶段，缺乏主动观察与发现，生活中的一些亮点便会如流水般悄悄溜走。我们的老师可以自己或组织家长带领学生到大自然中去，到生活中去，陶冶他们的性情，净化他们的心灵，丰富他们的情感，引导学生观察生活，体验生活，感受生活，从而发现生活之美、生活之乐、生活之味，从而让学生的笔下流淌出潺潺的清泉。

大自然中处处藏着美丽的画面，如郁金香迈着高贵典雅的舞步款款而至，如伶俐的金百合宛如可爱的小精灵，如宽广无垠、汹涌奇特的大海，如灿烂绚丽的晚霞，如翩翩起舞的蝴蝶、勤劳忙碌的蜜蜂等。数也数不清，学生都有一双慧眼，善于发现美，选一个你认为最美的事物写一写。下面是学生描写荷花的一段话：

我去荷花湖看荷花。阳光照在湖面上，反射着粼粼波光，就像一幅美丽的画。湖中荷叶田田，清淡美丽。几条活泼可爱的小鱼从荷叶下游过，生怕打破平静的画面。在墨绿的荷叶丛中，一枝枝亭亭玉立的荷花，像一个个披着彩绸的仙女。

生活是写作的源泉，奥妙无穷的大自然和色彩斑斓的社会生活为学生写作提供了取之不尽的鲜活素材。学生都非常喜欢吃糖葫芦，教师就让他们写写《甜甜的糖葫芦》，学生心中有话，为何再去编造、拼凑呢？有一位学生写下了这样几句话："到了门口，我看见各种各样的冰糖葫芦。我买了一串，上面有草莓、青枣王、小西红柿、提子。小西红柿的味道酸酸的，提子又酸又甜，草莓在嘴里松松地化开了。"这样一放开，学生的心灵完全处于自由、快乐的状态，思路也就被打开，一句句童言稚语就会从孩子心底流淌出来。习作融入生活，焕发着生命的光芒。

五、恰当引导，展示学生习作生命的意义

学生有自己的好恶，有自己对事物的看法和态度，有自己的愿望和理想。尽管他们的想象有可能不切合实际，尽管他们的愿望和理想难免幼稚，但这些，都是他们用自己头脑独立分辨是非的开始，是摆脱平庸树立远大理想和抱负的起点，需要的也只是教师随时关注、引导和矫正。所谓对学生的思想教育和对他们习作主题思想的要求，只有变成由教师强加给学生，转化为由教师加以引导，由学生内心生发才会变得生动有效。

学了《月亮湾》这篇课文之后，一位学生自言自语道："月亮湾有什么好，连一所学校都没有。"这话引起了上课教师的注意，并发现学生已用铅笔在课文的插图上添上了一所学校。在教师的鼓励与启发下，学生很兴奋地写下了《月亮

湾小学》这篇日记。"我想：月亮湾为什么没有小学？我得给它添上一所小学。于是我就行动起来，在山脚下画了一所月亮湾小学，上面还有一面红旗。月亮湾的孩子可以在学校里学到很多知识。"这完全是孩子的思想、孩子的语言、孩子的感情，我们理应予以尊重和鼓励，这对提高学生习作兴趣大有裨益。

学生的想象力是丰富奇特的，令人惊叹！在习作指导中，我们要鼓励学生大胆想象，并且创造机会让学生尽情发挥想象。当然，想象不是凭空编造，不是无中生有，是以学生的知识积累、生活积累为基础的，因此应引导学生大量、广泛阅读富有想象色彩的文学作品和科普作品，以开阔视野；应引导学生留心观察生活，观察自然，增加体验。

人类伟大的使命就是把失落的人找回来，教育人们"怎样做人"。写作能力是语文素养的综合体现，因而作为教师应把习作作为关注人的一个窗口。这正是习作情感、态度、价值观所研究的最终目的，我们正在朝这方面努力，尽快抛弃迂腐陈旧的习作教学观，让学生在习作中写真事，抒真情，悟真理，做真人，真正让学生习作充满生命的色彩。学生习作教学应当把"人"放在第一位，这要求我们教师转变角色，从当学生的指挥者变成学生内心世界的发现者、理解者、维护者，对学生的个性加以充分的尊重。这样才能使学生的习作，既成为使他们切实提高语言表达能力的教学手段，也成为他们心路历程形象的记录，更成为使他们从品行、道德、理想等多方面获得健康成长的科学的教育途径。

第二章 培养"读者意识"

——驱动学生习作的原动力

英国语言学家S.皮特·科德在其《应用语言学导论》中说:"每个书写的人都是写给某人看或为某人而写,不管他心目中的读者对象不明确到何等程度。"由此可见,写作的功能性之一,就是为了特定的读者、为了特定的目的而进行的交际活动。

从写作角度看,读者,就是作者写作时心目中假想的交流对象或阅读作者文章的人。所谓"读者意识",就是写作中的对象意识,作者在写作过程中自觉地把读者的阅读需要、接受水平、审美兴趣等因素纳入自己思维活动之中的心理过程。

写作的目的是为了表达和交际,表达是为了倾吐,交际是为了互动,无论是表达还是交际,都需要读者。现代著名教育家夏丏尊就非常重视"读者意识"。他在《文章作法》中说:"所谓好的文字就是使读者容易领略、感动、乐于阅读的文字。诸君当执笔为文的时候,第一,不要忘记有读者;第二,须努力适合读者的心情,要使读者在你的文字中得到兴趣或愉悦,不要使读者得着厌倦。"

有了"读者意识",写作者就能以一种负责任的态度来对待每一次表达交流,更能够从读者的感受出发,慎重考虑所表达的内容,想方设法运用恰当的形式表达思想。如此一来,写作者就逐渐学会了确定话题,选择材料,在不自觉之间掌握一些表达样式。

有这样一个例子,一位老师给新接班的学生布置了一项作业:"你想成为老师最先认识的新朋友吗?请你对着镜子仔细观察一下自己的外貌,写一段话描述一下,让我能够读着文字找到你!"孩子们都很感兴趣。课上,老师当即收到了许多孩子的纸条,上面有"妈妈总爱叫我'胖丫头',因为我长得白白胖胖的,就像一个大包子,让人忍不住上去啃一口"。于是,老师找到了一个皮肤特别白、长得比较胖的小女孩;老师根据"虽然我的外表很普通,可是我的发型不一般,西瓜太郎头在我们班可是独一无二的",找到了剪着西瓜太郎头的小男孩……接下来,老师请这些新朋友谈谈为什么会这样写。那位男孩说:"我想老师快点认出我，可是我的眼睛、鼻子、嘴巴都长得不大不小，没特色，所以我就想到了写我的头发。"就这样，"不要面面俱到，要抓住主要特征"这条方法孩子们自己归纳出来了。

上面的习作活动，有了"老师朋友"这个读者，有了"让老师读着文字找到我"这个目的，孩子们就能比较自己与他人外表的不同，辨别自己外貌衣着中的典型之处，无形中就掌握了"抓住主要特征描写人物外貌"这一写作技巧，也无形中向学生传达了"读者意识"。

然而，反观现在的一些习作教学课，教师对学生"读者意识"的培养往往是忽视的。从写作的逻辑上看，应该按照"为什么写""写什么""怎么写"来思考，可是教师教学的重心往往是放在后两者上，对"为什么写"即写作的对象和目的，教师很少引导学生去关注和思考。而且，学生习作的读者几乎只有语文教师一人。甚至作为特殊读者的教师，对学生习作的评价常常也是笼统的，有时还是不及时、不客观的。学生无法真正获得读者和作者意义上的沟通，导致了学生缺乏写作动机和写作热情，敷衍塞责，胡乱编造。

由此，我们可以毫不夸张地说，"读者意识"是驱动学生写作的原动力。那么，在小学阶段中，我们的教师又该如何培养学生习作中的"读者意识"呢？

第一节　创设情境，唤醒学生的"读者意识"

语境脱落，是目前命题习作的大问题。老师经常让学生写"暑假见闻"，然而"写给谁看？"不知道！"为什么写？"不知道！"写成什么样式？"不明确！"作者角色？"不知道！写作既无对象，又无目的，叫学生从何处说起？语境脱落，使学生失去习作的内在动机，而变成由教师强加的任务。如果我们能围绕题意，帮助学生拟定假想的倾诉对象即读者，学生写起来就比较容易了。

一、常见事物陌生化

"陌生化"就是拉开学生与日常生活的距离，让学生对熟视无睹的生活进行"审美"。比如，美国教师教"描写"练习时会设计一定的语境：拿出一个巧克力曲奇饼或薯条，或其他熟悉但以前没真正观察过的食物，让学生调动自己所有的感官来检查它，思考自己该怎么向从没见过它的人描写这个食物，要把这个食物描述得能让读者很清楚地看到、闻到、听到、品尝到。这里设计的语境要素是读者——"从没见过它的人"，目标是"描述得能让读者很清楚地看到、闻到、听到、品尝到"。内心有了"读者"，学生就能很快进入角色，找到感觉，从而考虑到如下问题：食物是带包装的吗？它放在盘子里是什么样子的？吃的时候要用手、刀、叉，还是什么？咀嚼的时候会发出什么声音……有了这些问题的答案，学生就会产生一种表达的冲动，一种抒发的兴致，一种宣泄的痛快。

如何把司空见惯变成耳目一新？我们可以将习作话题由抽象的、远离生活的内容转化为针对生活事物，服务于交际需要的内容，比如把"外貌描写"设计成"找朋友"的游戏，也可以将指定的阅读对象由单一的教师转化为丰富的读者，如生病没去春游的同学、等待指点的游客等。

二、加强书信体写作

书信形式是一种非常自由的形式，它可以融进描写景物、介绍事物、叙事、说理等内容，而且书信体在形式上已经确定好了读者，要写好书信体习作，势必要求学生写作时时时刻刻想到"读信人"。学生采用此种形式习作，久而久之，就会在不知不觉中建立和强化"读者意识"。

《亲爱的汉修先生》这本获得纽伯瑞儿童文学奖的经典著作就印证了这个观点。男孩雷伊为了完成老师布置的读书报告，写信向作家汉修先生提出了十个问题。没想到，汉修先生也向鲍雷伊提出了十个问题，雷伊为此只好不停地回信。十个问题答完，雷伊竟然从厌恶写信变得"下笔有千言"了。聪明的教师也可以向孩子提出问题，让孩子通过书信形式来解答，在书信交流中观察、体验和感悟，记录自己的发现，学会用文字表达自己的情感。

第二节　定向指导，培养学生的"读者意识"

有了具有明确读者的话题，教师还要通过持久有效的操作性训练，让学生慢慢建立起"读者意识"。下面是如何培养"读者意识"的思维导图（见图1）：

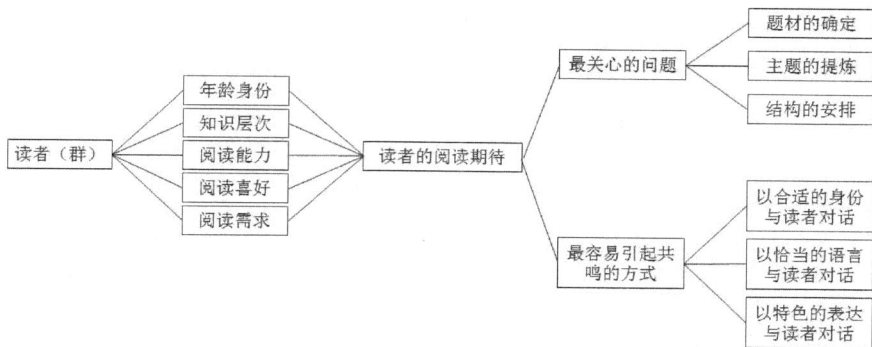

图1 培养"读者意识"的思维导图

实际教学时，这些要点不可能在一节课里通过训练一一达成，但在每一次习作中，教师应该有意识地指导学生去思考这些要点，将教学目标集中于其中一点或几点，久而久之，就能让"读者意识"扎根在学生心中。

比如，同样是写《我的学校》，教师给出了两类预设的读者：一是小学三年级的有意向转到该校的学生；二是离开这所学校多年的老校友。学生以小组为单位，任选上面预设的一类作为交流对象，考虑写作材料。经过讨论以后，学生们认为三年级学生想到这个学校来上学，一定会对学校历史、校园环境、学校课程、师生关系、班级氛围等感兴趣；老校友们则会对学校的变化更感兴趣。因此，文章内容的侧重点确立了。三年级学生年龄小，给他阅读的文本语言要生动有趣；老校友是成人，给他阅读的文本语言要精练。因此，文章的语言风格确立了。可见，学生的写作中有了写作目的和写作对象，就能够参照读者的信息考虑读者的需要来选择材料、安排结构、提炼主题、推敲语言，习作不再是生硬的抄袭或枯燥的堆砌，"读者意识"会逐渐内化为学生的写作素养。

第三节　评价改革，促进学生的"读者意识"

一、读者范围的逐渐扩大

学生的习作只有教师一个读者显然是不恰当的，既然写作为了表达和交际，就应该把文章给更多的人阅读。教师应该采用多种形式，帮助学生把习作投放到更广的交流平台上去，扩大其交流面，努力帮助学生建立起自己的"读者群"。比如设立"流动习作"，几个孩子为一组轮流写作，一组内的孩子互为作者和读者；还比如把学生习作张贴在教室墙壁上、刊登在班级报刊上等。此外，随着网络的普及，将学生的习作放在网上，甚至鼓励学生在微博、微信上微写作，让尽量多的读者参与进来进行阅读、点赞、批评，也能更好地激发孩子的写作欲望。

二、习作批改的大胆尝试

以往学生习作评价的主体都是教师，但即使是教师，读完文章后也很难通过几句评语反映出真实多样的感受，费尽心思整出的评语，往往被学生忽视。事实上，让学生成为评价的主体，学生之间互批习作，学生自批习作，更能激发学生的主观能动性，促进孩子的习作能力提升。

说到让学生批改习作，就不得不提到魏书生老师。他用实践证明：经过多次批改实践，学生不仅准确地记住了写作文的基本要求，而且对这些要求理解得越来越深刻。他会指导别人应该怎样写，不应该怎样写，自然也增强了自己的写作能力。另外，每个人都有机会看到多名同学的作文，这样容易发现、学习别人的长处。别人的缺点短处，自己引以为戒也是好事，学生的思想多了一个相互交流、开放的机会。确实，让学生参与到习作评价过程中来，让他们以读者的眼光去评判别人的习作，在评价别人的习作时，重新审视自己的习作，不失为促进学生"读者意识"的好方法。

美国的作文教学中，还有两种激发学生自己改作文兴趣的活动——"编辑室"活动和"出版会议"活动。学生立足于编辑身份，从迎合读者口味的角度出发，在活动中频繁讨论，不断修改，把作文作为"半成品"来加工。在这样的活动中，学生的思想一直沉浸在一种具有连续性的写作环境里，通过自己批改、自我完善逐步掌握写作的技巧，并激发更高层次上的创造性思维。

总之，学生心目中有了"读者"，才会产生倾吐的需要与情感；教师帮助学生建立"读者意识"，才能激活学生沉睡的写作生命。因为，"读者意识"，是学生习作的原动力。

第三章 实践二次习作

——激发学生习作的加速器

对于习作的批改，时下多数老师特别推崇"满目江山一片红"的精批细改方式。殊不知，改得过多，是替代过多；替代过多，学生所得便甚少——或不动脑筋，造成依赖；或无所适从，不得要领。经过多年的实践，笔者则认为，教学过程中，学生是主体，而主体的发展只有通过主体能动的实践活动才能实现。"先指导再作文"，这是传统作文指导的一般步骤，这种模式突出了教师的主导作用，却相应地忽视了学生的主体作用的发挥。"先作文后指导"则强调尊重学生的主体地位，调动学生习作的主动性和能动性，顺应学生个性发展的需要，让学生在不受约束的情况下通过自身的理解、想象，放手写作，充分发挥学生的主体作用。因此我们的习作教学，如果教师在批阅一次习作的过程中，发现存在的一些问题，进而有针对性地进行二次习作的指导，进行共性与个性的指导，这样不仅能打开学生思路，学生在二次习作中还能逐步提高写作水平，保留学生作文的鲜明个性，实现学生习作能力的再次提升。

第一节 精心设计作前表格，让学生形成习作"储备仓"

在习作教学中，激发学生的学习兴趣，创设富有生活意义和习作价值的教学情境，对习作教学的成败至关重要。学生习作时，由于其对习作题目往往抓耳挠腮，写出来的文章干涩枯燥。根据学生的年龄特征和知识储备，教师应精心设计富有童趣的作前资料，如调查表格、绘制漫画等。让学生走向广阔的生活天地，学会感受生活、体验生活。生活体验从来都不是主动撞上学生的。学生应置身在社区的道德讲堂里、杨柳拂堤的春光里，去参与生活，主动体验，把生活体验视为一种追求，从而获取各种信息与资源，进入"心有所思，情有所感"的境界。尊重学生的人文主体性，放手学生自由地、大胆地去写他们想写的、爱写的一切，去尽情展现带有他们生命痕迹的心灵和风采。

如三年级上册《我的自画像》（见表1），学生先画一画同学，开展交流会，谁画得最像，在有情有趣的情境下，学生乐于写作，勤于思考。

表1 《我的自画像》习作表格

		我眼中的自己	我的自画像（作文）
画一画		父母对我的评价	
		同学认为我的优点是	
词句宝库	好词		
	佳句		

教师还可以在班级里组织学生开展体验性活动，如学习方法咨询会、班级美食节等。当然，为了丰富学生的习作素材，教师引导学生去了解当地的传说，与他人对话，与父母开展游戏活动等。教师通过有声有色的活动，让学生亲眼观察、亲身经历、亲自体验不同环境、不同人物的生活境遇，用自己的思维去构思，独立完成习作，把自己的所见所闻所想写出来。这样，不仅可以培养学生学会观察生活，学会积累材料，学会独立思考问题，还让我们的习作教学与生活有机结合起来。如果学生能长期进行这样的写作训练，就能写出富有生活气息的习作。

第二节 给予作中指导时间，让学生习作具有"立体感"

一、品析文中语言，让语言更精妙

叶圣陶先生特别强调"自能读书，自能作文"，让学生获得真正的语文读写能力。习作中好的语言，不是教师教出来的，而是学生悟出来的，自己实践中写出来的。所以，在习作教学中，要给予学生更多的实践时间，让学生在自我实践中，从模仿到创新，习作中就会逐步出现精妙的语言。其中，教师可以采用读写结合方式，结合教材中的课文，引导学生感悟学过的文本中的语言，习得言语方式；也可以采用生生习作对比方式，让学生沉下心来对照、思索，从而习得同伴的言语形式，激发学生努力改变自己言语习惯的力量。通过读写结合和生生对比的习作指导，让学生品味他人的语言，不仅能相互欣赏，相互促进，还能培养学生学会欣赏他人的情怀。

1.读写结合，品味语言的精妙。在习作教学中，教师要有习作课程意识，充分利用课文，让其作为学生习作的突破口，及时地把习作训练有机地糅进文本阅读教学之中，发挥课文的典型优势，使学生学以致用，举一反三，实现读写结合。我们常说文无定法，但探索一些章法、总结一点技巧，会使学生写作文时觉得有"法"可依，有"章"可循。

教材本无言，处处有良师。如《灰椋鸟》文中有很多灵动的语言："有的排成数百米长的长队，有的匿成一个巨大的椭圆形，一批一批，浩浩荡荡地从我们头顶飞过。先回来的鸟在林内不停地鸣叫，好像互相倾诉着一天的见闻和收获，又像呼唤未归的同伴和儿女……"教师从教材中挖掘有价值的语言，引导学生写动物，可以写单个，也可以写群体活动，采用联想的方法，表现壮观场面。

学生从写作的角度来阅读课文，以写作作为切入点来理解课文，去感知作者选材的艺术性，谋篇布局的技巧和遣词造句的准确与精美。这样，学生就会深入地领悟到名家写作的意趣，知识的获得就成为一个自然生成的过程，再动笔写起文章来，就不会那么被动了。教材中的内容是学生所熟悉的，将教材中的阅读课文与写作专题结合起来，有助于学生更容易地学习写作方法。这种读写结合的方式是符合学生认知规律的，它是一种通过学生的阅读感知，经过学习模仿，再转化迁移，从而进行发展和创造的学习行为。

2.对比推敲，激发语言的灵活性。在习作评改中，教师要创造出一种学生积极参与的氛围。针对同一篇文章，教师要引导学生进行前后意见的交锋，激烈争辩，引发师生之间、同学之间思想观念的相互撞击，从而激发出新的思想、新的灵感。同时，在讨论中，教师要启发学生依据一定的标准，对具体问题进行具体分析，提高学生认识问题的能力。如此，学生在对不同等次文章的品评、比较中，思维品质更加周密，鉴赏水平也上了一个台阶。

如一位学生把自己的习作与同学的习作进行了对比，当读着自己写的"妈妈呀，你是灯塔，你指引着我走向成功之路；妈妈你是水，滋润着我这棵幼苗。妈妈，你的爱太伟大了！"他的脸顿时红起来了，他在对比学习中，明白了习作要符合人物的特征，写真话，予真情。当他修改后，教师又让他读这一处描写，语言朴实了，流露着对妈妈的感激之情。

写作倾听的意义首先在于培养学生的自改习作能力。叶圣陶先生说："'改'与'作'关系密切，'改'的优先权应该属于作文的本人，所以我想，作文教学要着重在培养学生自己改的能力。"指导学生自改习作，要有层次性。每次练习都有明确目的和要求，确定重点，有的放矢，由易到难，由部分到整体，循序渐进。同时还应注意引导学生倾听言语心声，诵读品味，反复推敲。

3.巧妙点拨，提升语言的质感。写作既是一种过程，又是一种结果；既是自我表达，又是相互交流。每一个学生都是一个活生生的具体的人，他们的思想、情感也各不相同。为了把他们各自的思想和情感表达出来，他们往往会通过自己的习作来呈现。在习作评讲时，教师一定要做细致的工作，深入学生的内心世界，与他们产生情感的共振。

学生在修改习作中，会遇到词句难以表达情感的窘境，或者词语表达不当，令人啼笑皆非。这时就要发挥教师的主导作用，通过自己的智慧，帮助学生"柳暗花明又一村"。如一位女生写到"只见医生拔掉针套，那针尖闪闪发光，还不时有水从针尖里冒出来，虽然这一切让身旁的妈妈感到了深深的寒意，但我却临危不惧……"教师就要和学生共同探讨，帮助其修改自己的习作，让学生思考"临危不惧"这个词语用在这里是否恰当，可以换成哪个词语。在交流中，学生明白了这个词语一般情况下是用来表现英雄人物的，此时用"镇定自若"更能准确地表达自己当时的情形。

在课堂中，教师还要经常把眼光投向写作有困难的学生，帮助他们提高写作水平。有一位学生当时写作水平不够理想。当那位学生把小兔子的挂件描写出来了，他的老师及时加以点拨——这时你的心里是怎么想的？感动的泪水又是怎样流的？学生的思路在老师的指导下终于打开了，经过修改后这样写道："我手中攥着这只毛茸茸又可爱的小兔子，我怎么可以随意拿别人的东西呢？在父母眼里是乖乖女，在老师眼里是一个好学生，我怎么可以做这样的事呢？顿时，我潸然泪下，这泪水像一条小细流，缓缓地流过脸颊。这泪水是苦涩的，这泪水让我悔恨不已。"经过这样的引导，学生把自己的心理活动和对泪水的特征描写得具体生动了，语言细腻流畅，学生的情感在心中流淌，鲜活的语言也在笔端流淌。

二、拓展写作思路，让整篇习作熠熠生辉

针对高年级学生的习作，教师不仅要在细节处下功夫，更要着眼关注学生整篇文章。

1.选材"炼"立意。"文以意为先，意高则文胜。"立意是文章写作的核心。所谓"立意"，就是确立文章的中心和主旨。意是文章之魂、全篇之纲。立意的好坏直接关系到文章的成败，决定着其对读者的吸引力和感染力的强弱。而"立"出新颖、独特、高远的"意"就不容易了。所以，在接触习作题目后，教师第一时间就应该要求学生在草稿纸上勾勒出审题立意时的思维轨迹，然后快速

筛选出自认为有话可写的思路来写。譬如说，习作题目是《感谢你》，根据经验，学生的习作中大部分会出现"借一支钢笔""共同撑一把伞回家"等内容。这些习作的选材很普通，也没有新意。此刻，教师就要指导学生以小见大，不将思维局限在班级，而要将思维的触角延伸到家庭、社区等。二次作文后，学生的习作内容素材明显发生了大的改变，有"同学在我伤心时送给我一张写有安慰话语的贺卡"，"妈妈把我带到了葡萄架，告诉我成长的道路就像葡萄藤要不断攀登"……在教师的指导下，学生的习作立意越来越深刻，选材逐渐有新意。

2.文题"炼"传神。"花香蝶自来，题好一半文。"好的习作题目如同一个人清澈明亮的眼睛，把习作所表达的内容迅速地传给读者。文题就应该有着传神的魅力，有着画龙点睛的功效。每次习作课，我们的老师都应该对精彩的习作题目进行推荐，同时不断地强调：习作就是自己生产的产品，为了更好地把"产品"推销给他人，获得他人的"芳心"，应该拟一个新颖别致、不落俗套、生动贴切的标题，令人眼前一亮。好的标题往往通俗易懂而不晦涩难解，新颖出奇而不平庸俗套，读起来上口，听起来悦耳。如《我流泪了》，引导学生共同来改一改这个习作题目，比比谁改得妙。学生的创作潜能是巨大的，只要将他们的兴趣激发出来了，一个个精彩的习作题目映入眼帘，如《爱在细节处》《那一串风铃》《把微笑送给你》……这些题目显得新颖别致，产生独特的魅力，增强感染力。学生习作的眼睛闪出的光芒，就像一盘盘美味佳肴，秀色可餐，又像一颗颗珍珠闪闪发光，让人过目难忘。"千古文章意为高。"提取有价值的习作素材，使之成为写作的材料，这里有一个去粗取精、去伪存真的过程。既需要生活的积累，又需要理性的思考。不但是一种生活积累的过程，而且是一种思想积淀的过程。

在习作教学中，留一些思考的时间，留一些发展的空间，让学生充分表达。在听取他人习作时，仿佛都在进行一次愉快的旅行，善于抓住学生的心理动情点，掀起他们的情感波澜，激发学生们强烈的习作欲望，加以艺术化的集中讲评，让学生的习作拥有个性化的语言。我们的教师也应将自己在习作教学反思中的所得、所失、所感用于改善习作教学实践，在比较中反思，在反思中加深对习作教学理念的理解，形成自己独特的习作教学风格。

第三节　丰富作后评价方式，让学生习作产生"快乐源"

习作评价要有利于促进每个学生的健康发展，要根据学生的个体差异和个性要求，采用生动活泼、灵活多样的评价方法。这就要求我们教师要抱着珍惜、宽容的态度，鼓励学生充分展示自我，要使学生有成就感，形成"成功为成功之母"的良性循环。

学生修改完习作后，内心想的，肯定是想得到老师与同学的赞许与认可。对此，教师可以从以下几个方面激发学生的写作自信心：第一，改变学生习作用纸，教师可以把作文本设计为一张一张的习作纸。在学生习作后，将学生的习作张贴在墙上，让学生在他人的习作上批注与圈点，写上鼓励的话语，这样也培养了学生相互欣赏的品格。第二，为修改过的习作加分。二次习作后，教师要在原稿上加分，每一次增加的分数都是对学生无形的激励，评选出诸如"最佳文笔奖""最佳开头奖""最佳心理描写奖"等。教师对于有特别好的语句或片段，设计出不同的奖项，也会让学生兴奋不已。第三，开辟习作博客或微信朋友圈。在网络发表习作方便快捷，便于交流，拓展了学生习作发表的时间和空间。学生不仅在课堂欣赏到自己或别人的习作，在课堂以外也能有机会欣赏到自己或别人的习作。如此，学生不仅拥有本班同学这一读者群，还拥有包括自己的家人、朋友这一读者群，范围更广，影响力更大，成功感更强。当学生得知自己的习作上传到博客和微信朋友圈，会产生一种被认可、被欣赏的成功感。教师顺势还可以开展投票评比活动，选出"最具人气指数"的学生习作。学生在浏览、转载、评论、投票等活动中，自然会感觉到习作是一件很有意思的事情。关注习作也顺利成为学生上网的一种新鲜有趣的事情。利用一切条件，为学生创造展示个性、展示作品的机会。让学生拥有一双明亮的慧眼、一颗玲珑的恒心、一支生花的妙笔，写出赏心悦目之文。

教师应该始终把握习作教学目标，以敏锐的意识和眼光，创新教学理念，产生互动效应，激发学生写作潜能。在习作教学中，淡化一次习作，重视二次习作，从作前设计、作中指导、作后评价等方面开展习作教学的实践研究。"滴水穿石非一日之功，冰冻三尺非一日之寒。"让学生在习作时，自己也在行文过程中，走一个"来回"，如此下去，收获的将是学生爱写乐写、享受写作的过程，始终保持快乐的心态。也许，这就是习作教学的最佳境界。

第四章　指向写作

——铸就学生习作的核心力

语文课程作为基础教育中的一门核心课程，不仅承担培养学生运用语言文字能力的任务，还承担着思想品德、情感审美和多元文化教育等诸多任务。按照课程标准对语文课程功能的阐述，我们可以把语文课程的教学内容大致划分成两大类：一类是语文本体性教学内容；一类是非本体性教学内容。从哲学层面看，所谓语文本体性教学内容就是反映这门学科本质特征的、区别于其他课程的教学内容，包括语文知识、语文策略（方法）和语文技能。这类教学内容是语文课程必须承担的本职任务，反映出语文课程区别于其他课程的本质特性，完成这些教学内容，就能为学生学习各门课程奠定扎实的基础，也能为学生人文素养的全面提升奠定基础。所谓非本体性教学内容包括情感、态度、审美、价值观教育等。这类教学内容并不是语文课程一科独担的，而是基础教育各门课程共同承担，并且学校、家庭、社会对学生"情感、态度、价值观"的形成所能发挥的作用远远超过了语文这门课程。

新课程改革已过去十几年，课堂矛盾与改革问题也已日趋明显，改革的钟摆应该开始理性回归。如许多课程专家已在呼吁语文学科的本体性知识，呼唤课程改革的理性回归。在一线的特级教师中，也出现了这样的实践者，如管建刚的指向于写作的阅读课。他认为写作能力是语言素养的综合体现。指向写作的阅读，才是作为专业的语言学习者的阅读本质所在。

那么指向于习作的阅读，让阅读回归本体，作为一线的语文老师，我们的学科素养要有哪些，又该如何做呢？

第一节　梳理习作目标体系，为阅读教学指路

目前通用诸种语文版本，在写作训练方面均缺乏完善的训练体系。作文训练的具体目标不详，训练点的安排比较随意，章节之间联系松散，写作技法在教材中几乎销声匿迹。

叶黎明博士在她的《写作教学内容新论》中指出：习作教学的三大问题，首先是目标太宽泛；其次是过程性指导缺失；第三是关注写的过程，却不关注教的结果。

为什么会出现这样的现状，不是我们的教师都没有头脑，而是因为我们目前没有开发出有效的课程知识体系、课程实施和评价体系。那么这就需要我们一线教师努力地梳理体系，解决为什么而教，如何去教的问题。

为了使阅读教学与习作教学双剑合璧，我们需要梳理课程标准中要求学生达成的目标；梳理习作教材中不同阶段的习作类型。当老师心中有纲时，在阅读教学时就会有意识地让阅读教学回归本位。所以，一线的语文教师，首先要有课程意识，语文课程是什么，我们要向何处，又如何到达那里。只有目标明确了，我们的实践才是有效的。大的目标由国家课程去定，那具体实施过程中的目标，细化到每个学段，每个年级，每个学期，甚至每个单元，我们有没有定好目标呢？笔者就苏教版教材对三到六年级作文要求进行梳理。

苏教版教材中高年级写人的习作要求有8篇，写事的有13篇，写动物的有3篇，写植物与景物的有5篇，看图写话的有5篇，想象类的有3篇。我们把每个学期每种类型的习作都进行统一的分类，进行具体的要求，在目标上体现一个螺旋上升的过程。一旦写作教学有纲有序，那教师在进行阅读教学时，每个单元、每篇课文与习作教学就能够有机整合，心中有的放矢，也会在阅读教学中把语文的本体性知识纳入教学目标与教学重点之中，而不是仅仅就内容教内容，把课文的重难点都放在非本体性知识上了。

第二节　梳理单元教材体系，为习作教学保驾护航

语文教师虽然面对的是一篇篇课文，但必须清醒地认识到语文课不应该是"教课文"，而应该在"教课文"的基础上再进一步，即引导学生"用课文来学语文"。首先要依据课文合理确定本体性教学内容。教学一篇课文，除了必须落实的生字、新词和课文朗读这些基本要求之外，其他在语文知识、方法和技能方面还应该教什么，教师必须有明确的选择。吴忠豪教授等提出本体教学论观点，潘新和教授则更进一步主张：我们要将阅读本位的观念——"阅读是写作的基础"颠倒过来，表述为写作本位的观念——"写作是阅读的目的"。为写作而阅读，我们一线的语文教师在进行阅读教学时，应该把语言表达的策略、技能的本体性知识作为教学重点。笔者根据这个观点进行实际操作，总结出"目标—方法—单

元整体阅读教学"的基本操作模式。

与这一内容与目标相匹配的单元有六年级上册两个单元——第二单元与第六单元。根据目标，我们在确立单元教学重点时就着重围绕如何表现人物特点及文本侧重于表现人物特点的方法上了（见表1）。

表1　苏教版六年级上册第六单元课题及教学重点

序号	课题	教学重点(找寻典型材料,运用多种方法彰显名人特点)
第19课	钱学森 （爱国）	作者用"富裕生活与祖国的落后条件""留学人员对回国的不同看法""美国强硬的态度与回国坚定的决心"三个材料运用语言及对比烘托的方式彰显钱学森的爱国情怀。
第20课	詹天佑 （爱国、杰出）	用开凿隧道与设计线路这两个材料来彰显他的成就,用接受任务的背景与勘测线路来彰显他的爱国。
第21课	鞋匠的儿子 （智慧、爱国）	运用直接描写与间接描写来彰显林肯的特点,通过明暗两条线索展开,其中参议员的态度变化对林肯特点的彰显起到了侧面烘托的效果。

这个单元是以写人为主，作为本体性知识，教师教学的侧重点应该是作者如何写出人物特点。当然写人物的方法很多，如动作、语言、心理描写、环境烘托等。但每个单元都要有一个侧重点，教师们有的放矢，孩子们也切切实实地通过一个单元的学习，掌握了一种写作的技巧、表达的方法，才能在语文课堂上有所得。当我们教完后，因为目标清楚，又指向于如何表现人物特点，尤其是如何收集与整理名人素材，表现名人特点的方法上，所以教师就可以根据当地的实际情况，将习作的人物锁定相应的名人，并根据表格（见表2）完成素材搜集，再使用文本中描写人物的一些典型方法来表现素材。

表2　收集与整理名人素材表

人物	核心特点	素材	表现手法

学生已经有了足够的方法，又通过网络拥有大量的素材，所以这样的习作对学生而言就毫无难点，教师轻松地完成了教学的目标，学生也学会了相关习作知识与方法，并能运用学到的知识和方法。作为一门以培养学生运用语言文字能力为主要目标的综合性实践课程，应该以语文知识、方法和技能为目标展开教学，

这样，才能让语文姓"语"，让阅读教学充满浓浓的"语文"味，才能为学生习得语言搭建平台、搭建阶梯，让阅读教学真正为写作服务。

第三节　依托教材，形成作文技法的指导体系

进行指向写作的阅读教学时，实际教学中，我们会遇到这样一个现实问题——我们以单元为体系，以语文的本体性知识为教学目标的时候，而教材的编者们并不会让我们如愿以偿。因为苏教版的习作教学与阅读教学是两条独立的线，各成体系。有时候是可以在一个单元中找到共同的文体特征，但更多的时候找不到，那又该如何。笔者认为语文老师应具备基本的文本解读能力，文章写了什么是基础，关键是文章是怎样写的，用的是什么样的表达方法，为什么要用这样的表达方法等。

以苏教版四年级下册第一单元习作为例（见表3），这个单元的作文要求是向同学推荐一处春游的地方。自然要写春之景，而我们在实际的教学中发现，写春天的色彩是一大难点，学生能够表达的方法很少。无非是红的像火、粉的似霞等。而在第一单元的编排体系上，并没有以写作为目的进行编排。第一篇是讲植树的好处，第二篇是讲与春天有关的人——竺可桢，第三篇是讲春天的小动物——燕子，第四篇是两首写春天的古诗。像这样不为习作教学安排的体系是非常多的，怎么样才能完成自己的教学目标，让学生学会观察，学会表达，并且爱上春天呢？这时候，就要以学生之前学习的所有文本作为语言习得的例子，形成表达方法的体系。

表3 苏教版四年级下册第一单元习作方法指导

表现方法	例子	课文及目标
色彩是很丰富的。	这些流云在落日的映照下,转眼间变成一道银灰、一道橘黄、一道血红、一道绛紫,就是美丽的仙女在天空中抖动着五彩斑斓的锦缎。	《北大荒的秋天》 了解一个总色彩下面也有不同的名称。 培养细致观察的能力。
色彩是有程度的。	春笋裹着浅褐色的外衣,像嫩生生的娃娃。	《春笋》 指导学生观察色彩的深浅。
	那里的天总是那么湛蓝、透亮,好像用清水洗过的蓝宝石一样。	《拉萨的天空》 指导学生可以用比喻的方法表现极致的色彩之美。
色彩是有变化的。	一山绿、一山青,一山浓、一山淡,真像一幅优美的山水画。	《西湖》 指导学生了解由于时间、空间、光线等原因,同一处景物的色彩也在不断地发生变化。
色彩是能交融的。	挺拔的高粱扬起黑红黑红的脸庞,像是在乐呵呵地演唱。	《北大荒的秋天》 指导学生了解不是所有的色彩只由一种颜色组成,有时为几种色彩的融合。
	它的外皮先是青绿色的,逐渐变得青中带黄、黄中带红,最后变成一半儿红,一半儿黄。	《石榴》 指导学生运用多种方法把交融的色彩表现出来。
	我无法用文字准确形容那花瓣的色彩,说它纯白吧,又似乎有一种淡淡的青绿色渗透出来。	《广玉兰》 指导学生运用多种方法表现交融的色彩。
色彩是有感情的。	拉萨的天空蓝得让人神往,它把你的视线紧紧吸引,让你久久不忍移开。	《拉萨的天空》 让学生明白描写色彩的最高境界,是把作者对家乡、对生活的爱融到色彩描写中去。
	山坡上,大路边,村子口,榛树叶子全都红了:红得像一团团火,把人们的心也给燃烧起来了。	《北大荒的秋天》 目标同前。

当学生有这样的知识储备与观察方法，去观察生活中的色彩，用儿童的目光去表现生活中的美，怎能不精彩纷呈呢！你看他们写小草：竹林的空地上，长满了各种绿色的草，翠绿、草绿、水绿、墨绿、苹果绿……也许在画家的调色盘中都难以寻到这众多的绿啊！你看他们写樱花：说它粉红吧，又透出点儿白。在阳光的照耀下，你只看见深深浅浅的红，明明暗暗的红，浓浓烈烈的红……我的心柔软着、颤动着……

以此类推，无论是写色彩，还是写形状，无论是写植物还是写动物，我们都可以从语文教材中找到绝好的例子，形成习作指导技法体系，帮助学生赏析文本，培养学生观察能力与言语表现能力。

课内教材注重人文关怀，以表现为本位，立足于基本言语素养的培养、言语认知"图式"的建构与迁移。以言语潜能的开发、言语生命意识的熏陶、言语价值观的培植与情意、方法的习染为主线，四种文体（叙事文体、抒情文体、说明文体、议论文体）作为教材的基本教学序列和形态，循环递进。在基本教学原则原理不变的前提下，每学年的教材，作具体目标、要求和方法等的区分。通过理论的引导和技能的训练，使学生不断加深对各种体式的领悟，提高对具体写作情境的同化和顺应能力，强化言语生命意识，以期达成基本图式的灵活运用，转换生成，整合延展之效。这样，情感、激发、生活、阅读才能真正为言语生命教学服务。而这些，都需要我们的语文教学实践者们，冷静地审视语文课程改革，系统地学习本体性知识，对课堂进行理性回归，让学生在阅读中形成习作的核心力。

下编　实践

第一章　写出兴趣
——低年级写话教学的突围与实践

第一节　理念突围

一、让看图写话成为学生表达兴趣的增长点

小学低年级看图写话是习作的起步阶段的训练，是培养儿童认识能力、形象思维能力、想象能力和表达能力的良好途径。由于低年级的孩子语言积累较少，不善于观察，因此面对看图写话，往往不知从何写起，写话的内容大同小异。教师在课堂内外都要对学生进行有效性指导，设计各种策略，为学生创造途径，帮他们入门，激发他们的兴趣，提高他们看图写话的能力。

1.看图有法，准确解图。

观察是看图说话写话的基础和前提。低年级学生理解和分析事物的能力比较差，有时因观察不细致，对图画的意思不能完全理解。因此，我们要给予有效指导，引导学生有层次、有重点地观察图画，培养学生的观察能力、思维能力。

（1）抓要素，明图意。

观察图画时，我们可从整体入手，让学生明确事情发生的时间、地点、人物和经过，初步感知画面的主要内容，从而培养学生对事物的认识能力和概括能力。如教学单幅图写话时，教师可以先让学生把整个画面看一看，围绕"图上画了什么？什么时候，在什么地方有什么，或者谁在干什么？"用一句话说出简单的图意，然后要求学生将图中的人物看清楚，最后再回到整体上来，把各部分内容联系起来观察，概括出具体的图意。在多幅图的教学中，教师则不能让学生先忙着一幅图、一幅图地看，而是先引导他们统观几幅图，看这几幅图合起来主要讲什么内容。如在《粗心的小猫》的教学中，教师可以先让学生连续观察四幅图，说一说这些图是什么时候，什么地点，发生了什么事，学生很快就说出主要讲小猫为了急着跟小伙伴出去玩，却忘记关家里的门的事（见

图1）。学生把大概情节抓住了，对图画有了一个全面认识，然后指导学生按观察单幅图的方法，逐幅图仔细观察，看懂每幅图的内容，最后回到整体，将几幅图联系起来，进行观察思考。抓住四要素，是读懂图意的基础，也培养了把话写完整、表达清楚的能力。

图1 《粗心的小猫》

（2）抓方位，观有序。

面对图片，低年级的孩子往往无从下手，所以要引导他们按顺序看图。比如，从整体到部分地看，从远到近地看或由近到远地看，从上到下或从下到上地看，或从中间到四周地看，做到有序观察。如教学看图写话《秋天来了》，教师先引导学生从整体观察，看看图中显现的是什么季节；接着让学生从上到下、从远到近地观察从哪里看出秋天来了，帮助学生梳理观察顺序，并使学生对整幅图有完整的印象，感知图画表达的中心。通过这样的观察，学生很容易就把图意表达清楚：秋天来了，天气凉了，一群大雁往南方飞。树叶黄了，一片片落了，就像一只只蝴蝶在飞舞。田野里，一片金黄，好像铺了一地金子。果园里，果子熟了，传来阵阵果香。小朋友们迎着秋风，在草地上玩耍。秋天是丰收的季节，秋天是快乐的季节。

（3）抓重点，分主次。

内容分不清主次是低年级学生最大的弱点，所以要指导学生重点观察主要部分，主要部分内容详写、精写，次要部分简写。在低年级的看图写话中，通常配有这样一段提示语："图上画的是什么时候，在什么地方？有哪些人？在干什么？想一想他们会说什么？请用几句话把图上的意思连起来写一写。"这样的文字很重要，可以帮助学生理解图意，其实也提示了写话的重点，所以要提醒孩子们细细推敲，认真观察图画，从图画中找出各要素，切不可一看而过。在教学生写话前，我们可以给学生亮出提示语，以此把握图画重点。如一幅图中只有一个人或物，这时老师就可以给学生出示这样的提示语：图上画了谁，在干什么？这样，学生就会把观察的重点放在人或物的身上，而不是先看人或物以外的内容。其次，可以从题目入手进行分析。题目是图的眼睛，图画的题目往往揭示了图的主要内容，所以抓住题目分析，很容易掌握图意。有一幅很经典的看图写话内容——《小兔运南瓜》，题目本身就向我们提示了图画的重点，所以要把图中小白兔运南瓜时的动作、表情、心理等尽可能地写得详细些，以此突出图画的主要思想内容，这样就能表现出图意的重点。

2. 说图有序，思路清晰。

能有序地观察图画是写好看图写话的前提。看图写话有单幅图和多幅图之分，老师不指导的话，低年级孩子大多就不会观察，写出来的语言就会杂乱无章，条理不清。指导学生观察单幅图时，教师可引导学生按照由远及近、从上到下、从中间到四周等顺序来看。例如在指导学生观察有关季节的图画时，教师应该引导学生按照图中事物的远近高低这样的顺序进行观察。如此，学生在写话时就会按照一定的顺序组织梳理语言。多次进行这样的训练，学生就会不知不觉地养成有序观察的习惯。而对于多幅图的观察指导，教师则应该引导学生按事情发展的先后顺序来看，完整仔细地观察几幅图，看看事情是怎样发生的，怎样发展的，最后结果怎样。如在指导连环画时，老师要让学生先完整地观察图上讲述的是一件什么事，再逐幅仔细观察人物动作、神情，然后再思考一下事情的发展顺序。有的孩子观察不仔细，就会出现漏掉其中某一幅内容的情况，这时教师再引导学生仔细观察相应的图画。这样一点拨，出现较多观察错误的孩子就知道自己的错误所在，也就明白了观察图画不能想当然，还要根据图上的人物、景物来确定事情发展的先后顺序。

3. 想象合理，生动描述。

看图写话的画面是静止的，经过合理的想象，画面才会变得丰富、充实。因此要给孩子们一双想象的翅膀，让静止的画面充满生命，想象合理，方能写出精彩内容。

（1）瞻前顾后——让画面立体起来。

画面所能呈现的只是某个或几个情境，不但要让学生看清画面表面的内容，更要引导他们看到画面以外的内容，引导学生结合生活实际，想象图画所构成的情景之前是怎样的，之后又会是怎样的，补充和丰富有限画面所蕴含的丰富内容，以把事情的前因后果说清楚。如指导学生观察《公园里的花是给大家看的》一图（见图2），教师让孩子说清图画上的小妹妹想摘花的情境后，就先让孩子往前推想：小妹妹来公园干什么？她为什么要摘这朵美丽的鲜花？接着又让学生往后续想：小妹妹听完妈妈的话后，会怎样做呢？孩子以老师

图2 《公园里的花是给大家看的》

的问题为藤，一步一步地推想事情的前因后果，把事情像放电影一样在脑海里呈现，单调的画面也就充实丰富起来，笔下之言也就栩栩如生了。

（2）表象联系——让人物鲜活起来。

看图写话的画面是一个个静止的人或物，只是描绘出了人物的动作、表情，而与之相关的人物的语言和心理却无法体现出来。因此，教师要根据画面中的情景，引导学生展开想象的翅膀，想象人物可能会想些什么、说些什么，人与人之间会有怎样的联系，让静止的画面在学生的脑海中变得鲜活起来。以《钓鱼》这幅图为例（见图3），在学生能够简单地表述图画的整体图意后，教师就引导他们观察图中人物的表情、动作。请你细细观察，猜猜发生了什么事？看看小孩子是怎样的表情和动作？爸爸的表情又是怎样的？爸爸会对小孩说些什么

图3 《钓鱼》

呢？学生仔细观察，踊跃发言，接着让学生把这些问题的答案串联起来，完整地说一说。孩子想象的翅膀一旦展开，脑中会浮现出新颖、生动的意象，学生在表达时就有话可说了。

4.写有所依，先扶后放。

虽然学生写话时有图可观，然而低年级学生正处于书面语言习得的开始阶段，积累的语言不多，他在语言表达上还处于模仿时期。因此，教师在指导学生看图写话时，仍然应该通过各种方式帮助学生组织语言，降低写话的难度，达到先扶后放的目的。

（1）填空式——拾级而上。

低年级学生往往不知道该如何把句子写具体，写话训练之初可以框架填空训练的方式进行，为学生学习规范化语言和表达，架设一座极好的桥梁。如让学生观察一幅描写课间活动的图片时，学生几乎千篇一律这样写："下课了，同学们在操场上做运动，他们有的打球，有的跑步，有的踢毽子。"虽然表达的意思是完整准确的，但显然不够具体，这样的训练，学生的写话水平是没有提高的。于是，笔者给他们出了这样的填空题："下课了，同学们来到操场上做运动。他们有的_____，有的_____，有的_____，还有的_____……你看，小燕踢毽子时不停地变换着踢的角度，一会儿用左脚踢，一会儿用_____；一会儿从_____，一会儿又从后面踢到前面。打篮球的同学

_____。他们玩得多么_____。"通过以填空的方式为支架，一步一步地引导孩子从面到点，细致地观察图画上人物活动的神态、动作等，也为学生提供表达的语句范式，丰富学生的语言积累。

（2）例导式——抛砖引玉。

在教学过程中我们要寻找文本中典型的语言范式，让学生作为写话的参照，以收到"抛砖引玉"的效果。有位教师在教学人教版二年级下册《三个儿子》时，针对课中典型句式："一个孩子翻着跟头，像车轮在转，真好看！一个孩子唱着歌，歌声真好听。另一个孩子跑到妈妈跟前，接过妈妈手里沉甸甸的水桶，提着走了。"教师做了这样的引导——让学生按照"一个（只）……一个（只）……另一个（只）……"写一段话。为了打开学生的思路，让写话变得具体、细致，教师还出示了《林中的小鸟》《院子里的小鸡》《学校的值日生》《动物园里的小猴》《路上的行人》等几幅图。学生看着图画，模仿着典型句式，写出了一个个精彩的句子：

一只小鸟在树上唱歌，歌声真悦耳；一只小鸟在空中飞来飞去，好像在找虫子；另一只小鸟在电线杆上休息，真悠闲！

一个同学在扫地；一个同学在擦黑板；另一个同学在抹窗户。他们分工合作，干得真卖力。

一只小猴坐在山上吃芒果。一只猴子很顽皮地用尾巴挂住树枝荡秋千，一只母猴帮小猴挠痒痒。

抓住这样的典型句式进行看图写话，不仅给学生创设了乐写的情境，还能使他们了解句子的规律，熟悉各种句式，是一个很好的积累语言的过程。

（3）串词式——串珠成链。

课程标准在低年级写话目标中强调让学生"在写话中乐于运用阅读和生活中学到的词语"。但是由于低年级学生掌握的词汇量有限，所以在每次写话前，教师要根据图画内容提供几个相关的好词或者好句，使孩子的写话更加形象生动。如苏教版二年级下册《欢乐的泼水节》一课中有一段描写热闹、喜庆场面的句子，教师可以给学生设计一次描写《热闹的龙舟节》的写话训练。先给学生展示龙舟节的图片，然后给他们提供一些词语：阳光灿烂、艳阳高照、万里无云、四面八方、彩旗飘飘、你追我赶、不甘示弱……

在这一过程中，学生运用语言的能力就随之提高了。讲评时，教师还有意无意地表扬某些写话出色的学生，不但能用上老师给的词语，还能将自己平时课外书中积累的语言恰当地运用到自己的写话里，为看图写话增色添彩。这样潜移默化的不断引导，学生们便会试图慢慢地将自己积累的语言写进去。

综上所述，在低年级看图写话中，教师要善于引导，让孩子学会观察，放飞想象的翅膀，让每次写话都成为低年级学生表达兴趣的增长点，写话教学的目标才得以落实，从而轻松迈进写话的大门，夯实习作之基。

二、浅谈低年级写话的有效策略

低年级学生写话能力的训练，要从激发儿童的兴趣入手，开辟大语文写话环境，营造有利于儿童发展语言的氛围，变"封闭式写话"为"开放式写话"，引导学生自由表达，我手写我心，用真实而淳朴的文字表达对周围事物的认识和感想，提高儿童写话水平，发展儿童的语文素养。儿童的思维世界原本就是一块肥沃的土壤，儿童的想象世界原本就是一片多彩的天空，儿童的语言原本就是一泓汩汩的清泉，只要我们尊重儿童的天性，尊重生命发展的规律，引导儿童在兴趣驱使下，在趣味活动中，自由说话，"写自己想说的话，写想象中的事物"，儿童的思维、情感、心智都将得以健康生态发展，文字育人、文字养人的目的也就会成为低年级写话最真实的体现。

1.句子变脸秀。

小学低年级儿童在感知事物时，往往停留于事物外在的大概轮廓与整体形象，不能对事物作精细的分析和思考，常常忽略事物细致入微的部分，而这些细节恰恰最能真实生动地反映事物的本质。儿童这种无意识地"忽视"具体的细节，影响了写话的质量，长此以往，阻碍的是儿童习作能力的提高。因此，教师应从儿童的心理认知特点出发，积极创造条件，通过趣味性的写话训练形式，引导儿童学会观察，以童稚的眼光认识事物，进而在说话训练中，能够抓住关键的"细枝末节"，给句子加上丰富生动的"五官"，增强句子的形象性。坚持这样趣味性的训练，对激发儿童的写话兴趣，提高写话教学的实效性大有益处。

如：读一读，你喜欢哪一句，为什么？

（1）我收到了生日礼物，我很开心。

（2）我收到了盼望已久的生日礼物，我的小脸都笑开了花。（表情）

（3）我收到了盼望已久的生日礼物，我心里美滋滋的，就像喝了蜜糖一样甜。（心理活动）

（4）我收到了盼望已久的生日礼物，我抱住妈妈使劲亲一口，撒娇地说："谢谢我的好妈妈！"（动作和语言）

心理学研究表明，直观形象的事物最能吸引低年级儿童的注意力，激发儿童内心对事物的关注度。特别是一幅幅鲜明的图画，对儿童来说，具有莫大的吸引力。所以，我们在低年级写话训练时，可以通过文配画，让一个个枯燥的句子配上一幅幅生动有趣的图画，变脸成一个个趣味横生的小故事。学生在图文并茂的写话训练中，始终保持着盎然的兴趣和热情。

2.情境直播间。

兴趣和情境是低年级儿童写话的内驱力，教师应当积极创造条件，努力增强写话教学的趣味性和操作性，创造生活情境，搭设生活舞台，还原生活场景，让儿童在真实可信的模拟情景中，生动活泼地练习说话，原生态地表达，让真实的生活，真挚的情感，真切的思想在孩子们的心灵里安营扎寨。

如在引导儿童观察身边的声音现象时，笔者将教学过程设计成从学校出发前往城堡探险的情境，仔细聆听一路上听到的声音，并引导儿童通过比较，用趣味性的语言描绘出来。

师：现在我们路过农场（放录音），你听到了什么？比一比谁的想象力最丰富。

生："呱呱呱"是小青蛙在叫。

生：青蛙在池塘里高兴地放声歌唱，好像在说："这里真美！小朋友们快来玩呀！"

师：比一比，你更喜欢哪句？为什么？

生：第二句。

师：是呀，青蛙也会说话，多么有趣啊！

师：现在我们路过森林（放录音），你又听见了什么声音，比一比谁是顺风耳？

生："哗哗哗"是流水的声音。

生："哗哗哗"的流水声好像森林里的仙子在说话："小朋友们辛苦了！快来喝一口清泉吧，我的水很甜很甜！"

师：比一比，你更喜欢哪句？为什么？是呀，小魔仙也出来和我们做朋友了，世界多奇妙啊！

师：这一路上你还听到过哪些声音呢？……

有人说过"情境是儿童最好的情感磁场"。给孩子们一个生机盎然的情境，让他们根据不同的声音特点大胆想象，即兴进行口语创作展示。教师引导儿童将语言情趣化、生动化，不知不觉中，儿童的表达能力、写话能力如芝麻开花般节节攀升。

【学生习作例文】

下课铃声响了，我们从学校出发去城堡探险。我们路过农场，"汪汪汪"那是小狗在叫，好像在说："这些小客人是从哪里来的，要到哪里去呢?"

穿过农场，前面是一片森林，听，"叽叽喳喳"是小鸟在说话："加油啊，小朋友，如果你觉得累了，森林会为你献上香甜的果实。"听了小鸟的鼓励，我们不觉得累了，感觉自己离城堡越来越近。

3. 修辞润色坊。

儿童的语言往往是平实、纯真的，在写话训练中，教师可以适当引导儿童通过比较、模仿、迁移等方式，对自己的书面语言进行润色、装扮，使之变成"美味可口"的语言餐盘。

如：每个季节都有不同的水果，日常生活中，孩子们吃东西总是大口大口地吃，没有细细地观察过水果。但在课堂中，在教师的引导下，学生通过观察各种水果的外形，摸摸水果的表皮，嗅嗅气味，品尝果肉等活动，对各种水果有了较深的认识。学生在细咽慢尝中，把吃、喝、玩和写话有机整合，自由地说一说，写一写（见图4）。

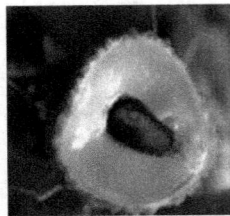

图4 荔枝外表与内在

【学生习作例文】

端午节过后，荔枝成熟了，一串串挂满枝头，像一个个小灯笼。远远望去，整个荔枝园，通红通红的，像一片红色的云朵。荔枝的外壳长满了小疙瘩，摸起来很粗糙，剥开外壳一看，果肉晶莹透亮，像一块洁白的玉石。咬一口，清香爽口，吃到一半露出里面的核，小小的，像一粒葵花子。家乡的荔枝叫人越吃越爱吃！

4. 故事总动员。

故事是儿童最好的朋友，故事是儿童童年中最纯真的记忆，好的故事如春雨般滋润他们的心田，会在他们心中烙下永远的印记。孩子们有自己的童话世界，有自己的情感宣泄空间，他们乐于用"看图说话"创造自己的童话故事，表达自己的思想情感。如教学这组编故事（见图5）。

图5　看图编故事

根据问题，想一想上面三幅图的意思。

（1）三幅图中都有谁呢？

（2）第一幅图画的是什么季节，在什么地方，小白兔的动作和表情是怎么样的呢？还有篱笆上两只小鸟在干吗？

（3）小白兔看见了什么，想到了什么好办法？

（4）小白兔是怎么做的，结果怎么样？小白兔的心情会怎么样？两只小鸟也飞来了，会说些什么？

你可以试着用这些词语，让故事更加生动有趣：

蹦蹦跳跳　又大又圆　叽叽喳喳　挠头　皱眉　嘟嘴　丁零零

【学生习作例文】

秋天到了，大家都忙着把成熟的果实往家里收。小白兔蹦蹦跳跳地来到菜园子收南瓜。呀！南瓜长得太好了，又大又圆。小白兔心里真高兴。可是，南瓜太大了，搬不动。小鸟站在南瓜架上，叽叽喳喳地叫着："怎么办呀？怎么办呀？"小白兔一个劲地挠着后脑勺，皱着眉头，嘟起小嘴，在想办法呢。"丁零零"一阵铃声从远处传来，邻居小熊猫骑着自行车过来了。小熊猫来到小白兔跟前，微笑着和小白兔打招呼。小白兔望着自行车的车轮，一拍脑袋，想出办法来了。小白兔高兴地跳了起来。它把大南瓜立起来，双手推着，让它滚着向前走。小鸟也开心地唱起了歌儿："小白兔，你真棒！"就这样，小白兔把大南瓜运回了家。一路上，不少人看见了小白兔运南瓜，都夸小白兔是个聪明的孩子。

5.绘本写话台。

（1）编一编，写一写。

自编"绘本"也是低年级儿童写话教学中颇具魔力的教学形式。绘本故事以鲜活的文字让画面灵动起来，在结尾往往又酝酿着一个新的故事，给小读者留下浮想联翩的遐思和悬念。这些遐思让孩子们心绪飞扬，这些悬念让孩子们产生无数的想象，这些有趣的想法让孩子们蠢蠢欲动，忍不住再编一个有趣故事。此时，教师借助契机，"煽风点火"，让儿童一吐为快，引导他们写下心里真实的想法，创编属于他们自己的童话世界。

如绘本《好饿的小蛇》非常有趣，每一页，每一张图，都让孩子联系自己是不是也是这样的。好饿的小蛇扭来扭去散步的时候，发现了一个圆圆的苹果，"啊呜"真好吃……第六天，好饿的小蛇扭来扭去散步的时候，发现了一棵结满红苹果的树，你猜猜好饿的小蛇会怎么样呢？

看到小蛇每吃一样东西，肚子就变成该东西的形状，孩子们捧腹大笑。小蛇还会发生什么有趣的事情？儿童以童眼看世界，童思想故事，于是，思维的闸门打开了，想象的缕缕情思在课堂上、本子上自由流淌。

（2）变一变，写一写。

很多绘本的语言清新质朴，富有童趣，构思巧妙却蕴含着一定的语言规律，这是孩子们日常生活中的口头语言无法比拟的。在教学中，我们可以提炼其中反复出现的经典句式，图文结合，让孩子在听故事的过程中，把故事的语言运用到自己熟悉的场景中，让他们用规范的、比较生动的语言表达自己的真情实感。

如绘本《逃家小兔》讲述了一只小兔子和妈妈玩语言捉迷藏的故事。小兔与妈妈的对话都是这样的句式：

"如果你来追我，"小兔说，"我就要变成溪里的小鳟鱼。"

"如果你变成溪里的小鳟鱼，"妈妈说，"我就变成捕鱼的人去抓你。"

发现了以上人物语言的特点，我提供给孩子们一个语言训练背景：小兔子和兔妈妈玩"你变我也变"的捉迷藏游戏。儿童是最有想象力的魔法师，他们发挥模仿的天性，写下了不少富于神奇色彩的童言妙语：

"如果你变成小草，我就变成兔子，欢快地在草地上跑来跑去。"

"如果你变成兔子，我就变成大树给你遮阴。"

"如果你变成大树，我就变成花朵，在你的枝头开放。"

"如果你变成花朵，我就变成蝴蝶，停在你身上跳舞。"

（3）演一演，写一写。

如绘本《我爸爸》当中的爸爸是很特别的人，"外表强壮、自信，不过却也有害羞、敏感的一面，有一点像我爱画的大猩猩。除了教我画图外，他还鼓励我做各种运动，像打橄榄球、踢足球和打板球……"这些都是孩子们心中的爸爸，对"我爸爸"感同身受，爸爸在他们心目中树立起了高大的形象，那是孩子对父母的极端的尊重和崇拜。随着年龄的增长，"我爸爸"的形象越来越趋向于一个平凡的人，可是爸爸对孩子的爱却从来没有减少过。

孩子通过反串角色演—演自己的爸爸，体会爸爸具有的各种能力和品格，感受爸爸的威猛高大，并为能有这样的爸爸而感到自豪。在这个过程中，感受父子之间浓浓的亲情，体验家人之间暖暖的爱意。通过这样生动的演绎，儿童经历了表演的过程，再引导他们写一篇自己的《我爸爸》，其中的可爱故事、骄傲之意，充分流露出孩子对爸爸浓浓的爱。

（4）画一画，写一写。

学生最喜欢用画画的方式来与世界对话。孩子们读的绘本多了，画面和语言的积累更厚实了，孩子们的思想和情感，也更活跃更丰富了。于是，创作绘本也就顺理成章、水到渠成。

指导绘本创作，既可以先师生合作，孩子画出来，老师通过孩子的口述配上文字，又可以采用伙伴合作、孩子与父母合作的方式，这不但降低了儿童创作的难度，而且培养了他们的合作意识。

给儿童一个轻松的平台，让绘本走进儿童的说话写话世界，并成为低年级儿童学习写话的重要组成部分，是儿童心灵成长的需要，也是其语言发展的需要。

生命的原创不需要彩排，儿童的心灵世界充满七彩的梦幻。低年级学生的说话写话训练，要从兴趣入手，从儿童的认知出发，由易到难，由扶到放，循序渐进地进行。教师通过各种途径和手段，引导学生进行练习，培养学生说话写话的兴趣，让想象和纯真与儿童写话相伴，让原汁原味的语言展示儿童眼中的世界，在自由表达中，在想象说话中，提高学生的表达能力和想象力，为孩子今后的愉快习作、人生发展铺开一张最美的画卷。

三、多些自由，让低年级学生为"自己"代言

"学习不是为了适应外界，而是为了丰富自己。"写话学习，亦是如此。然而，弊端丛生的现实却是，成人世界纷纷把功利目标强加给孩子，不遗余力地驱使他们到功利场上去拼搏。

为了能在"分数一统天下"的考试中获得所谓的高分，许多家长把孩子送到

了写话培训班，最后拿着看似精彩却千人一面的作业喜不自禁。同样，不少校内的老师，其写话教学也呈模式化倾向，孩子们在课堂上说着别人的话，做着别人的事，观察着别人的世界，重复着别人的思考……试问，这样缺失了"自己"的教育，何来生长？

写话，是低年级儿童心灵之花的蓬勃怒放，是独立精神培养的重要方式，是言语生命成长的自由路径。那么，在写话教学中，如何才能让学生真正为"自己"代言呢？

1.时空自由，让写话超越时空。

传统的课堂往往是一个班上所有的学生，为达成同一个目标在同一个时间、同一个地点开展写话，这样短平快的标准化学习，学生只是跟随老师亦步亦趋，观察无法深入，体验无法丰富，思维无法多样。如果将写话的时空交给学生自由选择，那将是一种怎样的情形呢？

苏教版小学语文第四册中有这样一则写话练习："观察一种生活中常见的动物，说说它的样子，再用几句话写下来"。教师在教学中可以向孩子们提出如下要求："小朋友们，这次写话，我们要先和自己最喜欢的小动物交朋友。这个小动物呢，可以在学校里，可以在家里，可以在花鸟市场，也可以在草丛里。你回去先找到它，然后观察它、照顾它，每天再为它选几个词儿记一记'词语日记'，好不好？"有了这样既目标明确又不受时空控制的要求，学生对于写话的畏难情绪就会大大降低，有的只是寻找自己写话素材的热情。他们在接下来的时间里，学生们有的天天跑去看班级动物角里的小金鱼，有的和妈妈一起买来了小乌龟，有的去乡下池塘里逮来了小螃蟹，还有的扒开草丛寻找里面的小蜗牛。因为选择的都是自己最喜欢的动物，因而记录起"词语日记"来个个都兴致勃勃。一个星期后，教师再提出新的要求："在大家的关心和照顾下，你的动物朋友一定生活得很快乐吧，一个星期后，我们为它们举行动物'Party'怎么样？来参加的小动物得自我介绍一下，你就当它的助手，帮助动物朋友来介绍好吗？"听到要举行动物"Party"，孩子们一定会很兴奋，他们会继续兴高采烈地蹲在小动物身旁，拿着"词语日记"，看着、回忆着、思索着、书写着……一个星期过后，教室里面肯定喜气洋洋，孩子们或带着真实的小动物，或带着拍摄的动物照片纷纷上台介绍，眉眼里流露的都是欢喜和自豪，言语里流淌的也全是新鲜和有趣。

因为有了可以自主选择的时空，孩子们观察的是自己感兴趣的事物，记录的是自己亲眼所见的现象，体验的是自己参与其中的快乐，表达的是内心最真切的感受。这样的写话，"自己"时时闪现，"生长"自由自在！

2.形式自由，让写话有滋有味。

传统的课堂对写话形式的思考，大都局限于学生一个人用纯文字的方式来完成。而一个人完成，缺少生生间的合作和互动。纯文字表达，方式过于单一，与低年级儿童的认知特点不相匹配。如何让写话的形式丰富起来深受儿童喜爱呢？

首先，在教学中，教师要做到常常将绘画引入课堂。一年级孩子识字量比较小，在写话表达中，遇到不会写的汉字，或者难以用文字表达的情绪，就可以用画画来代替。到了二年级，"文配画"的形式也要经常出现在孩子们的写话本上。"儿童是用形象、声音、色彩和感觉思维的"，画画、写写里，孩子们在和内心深处最浪漫的那个自己快乐相逢！

其次，教师还要引导学生相互之间进行合作写话。如学习了苏教版小学语文第三册的《水乡歌》后，教师引导学生合作创编小诗《水乡新歌》："我们的家乡就是美丽的水乡，在你的印象里，家乡还有什么'多'呢？大家来写一写，你可以独立完成，也可以邀请伙伴，想画的还可以把家乡的美画下来。"接下来，孩子们有的独自进行，有的组团合作，静思的静思，碰撞的碰撞，自选方式，乐在其中！于是，一篇篇有滋有味的写话呈现在大家的面前。

"水乡什么多？笋多。千棵笋，万棵笋，长满竹林长满坡，装满一筐又一筐。""水乡什么多？花多。千枝荷，万枝兰，青枝绿叶香满园，小朋友们真喜欢。"……他们倾心表达着最美的水乡印象，积极创造着独特的缤纷世界！

随着信息时代的到来，QQ、微博、微信等现代化合作交流平台已在学生生活中逐步渗透，同时，语录体、漫画体、图文结合体等多种写话形式，也已成为时代对写话教学与时俱进的呼唤。加入现代儿童元素的多元写话形式，必将带来写话课堂生态全新的改变！

3.内容自由，让写话清新有趣。

传统的语文课堂充斥着整齐的写话内容，这样的统一，眼中看到的不是一个个独特的"儿童"，而只是一群群简单的"教育对象"。每个孩子都是独一无二的个体，有着与众不同的生命特质，内容的自由选择，才能让写话真正成长起来。

《真想变成大大的荷叶》是苏教版小学语文第四册中的一首儿童诗，诗中，小姐姐问"我"在夏天想变点儿什么，在奇妙的想象里，"我"想变成雨滴、小鱼、蝴蝶、蝈蝈……展现了孩子们在夏天的美丽遐想，充满了童真童趣。文后的练习中有这样一个要求："夏天来了，你想变成什么呢？"无疑，编者的意图是希望引导学生继续展开在夏天里的想象。教师在引领学生感悟了诗歌内容之后，全班可以开展写话："夏天来了，我想变_____，_____。"由于夏天的气温很高，会给一部分学生只留下热的感受，教师此刻就应该及时扩展写话内容，再进一步引导。"小朋友们，一年有四季，每个人都有自己最喜欢的季节，你可以任意选择其中一个来写自己想变成什么，好吗？"这样一来，学生的写话内容就自由多了，写出的内容也会更加丰富。如：

（春）我想变粉红的桃花，在春风中甜甜地微笑。

（夏）我想变大嗓门的青蛙，在荷叶上放声歌唱。

（秋）我想变火红的枫叶，铺满美丽的校园。

（冬）我想变可爱的雪人，让小鸟停在用树枝做的手臂上。

内容的自由选择，远离了外界的强迫，充分尊重了学生多样化的个性需求，学生表达的是与"自己"密切相关的独特感悟和情感体验，是真正从"心灵"中衍生出来的行为，所以读来那么清新有趣、俏皮可爱！

4.评价自由，让写话热情持久。

课程标准在教学评价方面有了显著突破，明确提出，课程评价的目的不仅是为了考查学生实现课程目标的程度，更是为了检验和改进学生的语文学习和教师的教学，改善课程设计，完善教学过程，从而有效地促进学生的发展。不应过分强调评价的甄别和选拔功能。于是对于学生的写话，笔者以激励性评价为主，注重表扬与指正，并且采取教师评价、自我评价、学生互评的多样评价方式。如一个学生上交了这样一篇写话：

体育课

今天是星期三，体育老师带我们去操场上体育课。

同学们玩得可开心了！有的踢毽子，有的跳绳，还有的在打乒乓球，个个满头大汗，自由自在。旁边还有同学在为他们呐喊、叫好。操场上一片欢声笑语，老师在一旁看见他们玩得这么开心，都不忍心叫停。

我喜欢上体育课。

看完这篇写话后，老师给出了这样的评价："能根据自身体会把体育课上的场景生动地描绘出来，还用上了'有的……有的……还有的……'句式，使要表达的句子更整齐，真是了不起，成语'欢声笑语'的使用也体现了你平时喜欢看课外书的习惯，继续努力，相信你会写出更好的写话的！"

写话讲评课上，教师先把学生的写话放在投影仪上读了一下，肯定了学生的字迹端正，接着请学生自己说说优缺点在哪里，最后请其他同学来评价这篇写话。当大家提到没有把自己怎么上体育课的情况写出来时，学生自己就能感受到同学对自己评价的重要性，并让同伴给自己提出更好的建议。最后教师再做一个小结，指出字迹、句式、完整、通顺给写话增色不少，其他同学可以学习。这样的榜样示范作用能起到一个很正面的效果。在实际写话评改中，每篇写话虽然层次不同，但凡是出彩的地方，教师都应该做上相应的鼓励符号，做到评语的针对性。这样一来，学生都会期待写话，因为他们想看到自己的写话能被教师认可，优点也会就此得以放大。教师再定期把学生写话中有亮点的作品在班级展示。如此的评价，学生的写话积极性必将越来越高，写话的兴趣与热情也会得以长久保持。

"教育即生长，生长就是目的，在生长之外别无目的。"而自由选择，正是为生长提供了多元化的环境，它意味着理解和尊重，意味着儿童来到了学习的中央，意味着个性向着四面八方无拘无束地伸展。在自由选择中，儿童与"自己"美丽相遇，为"自己"快乐代言，课堂真正成为生命成长的自由牧场！

四、亲历体验，激发灵感，触发学生写话欲望

写话是学生学习书面表达初级阶段的"内容"和"方式"，低年段的写话教学是学生作文的起步阶段，对学生习作能力的培养起到了至关重要的作用。然而当前，由于某种情况，低年级语文教师教学常处在疲于应付的状态。再加上学生年龄小，语言发展不平衡，造成了低年段的写话教学存在着明显的脱位现象。

长此以往，学生对写话产生畏惧心理，如果不设法改变，会影响今后的习作能力的提高。因此，寻找并发现一条能够有效地提高学生写话能力的途径，已经成为低年级语文教师面前的一项非常重要的任务。在此，笔者结合自己多年的观察与实践，谈谈激发学生写话灵感，诱导表达欲望的几点策略：

1.激发情感，诱导学生写话的欲望。

诱导，在课堂教学中，特别是在写作教学中具有重要的意义。它是指通过教师自身的行为方式或采取各种有效的教学措施，使学生产生知识的迁移，启发、暗示学生运用已有认知去推理、拓展，产生其他的知识和结论。当学生已经具有一定的知识水平，也就能进行自我知识的迁移，并进一步提高自身认知水平和能力。这种运用知识迁移所得来的知识和技能的方法，比教师耳提面命的结论性传递更具有生命力。

（1）降低标准，诱导写话情感。

低年级学生的写话和孩子刚开始学走路的样子一样，时不时还要摔跤。因此，刚刚开始学写作的孩子也不会写出什么精彩的文章来。他们的语言是稚嫩的，天真的；他们的结构经常是流水账式的；他们的卷面是有错别字的；他们的

整篇文章往往是词不达意、颠三倒四的。但是，当我们看到学走路的孩子摇摇晃晃朝前走的时候，却总是禁不住发出会心的微笑。照鲁迅先生的说法，哪怕最蠢的妇人，也会兴高采烈地看着自己的孩子走出人生的第一步。

因此，我们是否也应该像对待刚学步的孩子那样，看待他们最初的写话，用鼓励的、欣赏的、宽容的目光。教师要从儿童实际水平出发，明确目标，创设儿童写话心理的最近发展区，培养其写话的兴趣。

一年级时，学生学完汉语拼音后，即要求学生准备一本写话本，借助拼音这根拐杖每天回家写一句话，并给写话本取个自己喜欢的名字：牙牙学语、童年写真、小脚丫、我的故事、成长的足迹……一个个名字出自孩子稚嫩的小手。在写话本中可以写写今天发生的事，可以写写自己的心里话，也可以模仿课文中的句子进行练习，有些写话有困难的学生可以和父母一起合作完成。每次拿到孩子们写得糊里糊涂，甚至有些句子难以读通的写话时，作为教师还是要一句句耐心地批改着。我们坚信：写话刚开始，只要孩子能写就已经十分了不起了。在写话中，不提具体要求，只提对写话有兴趣，乐于把自己想说的话写下来。如果说有要求，仅有一点，就是喜欢写话。

当学生有了一定的语言基础以后，我们可以让学生试着模仿书中的句子把话写出有趣来。在老师的鼓励下，慢慢地，学生的写话就会变得生动，有时还能模仿课文写法自己进行创作。虽寥寥几笔，却极富童趣。"一阵秋风吹过，枫树一下子羞红了脸，红得像一团团燃烧的火焰。""草莓头戴小绿帽，身上穿了件小花袄。""小鸟在窝里叽叽喳喳地叫着，好像在说：'妈妈，我饿了。妈妈，快回来！'"

到了一年级第二学期，学生有了一定的写字基础，对一些认识的汉字也会依样画葫芦或正确书写。这时，让学生用汉字加拼音的方法来写几句通顺、完整的话，围绕一个意思写清楚，写具体，基本会使用逗号和句号，对于一些水平较高的学生，要求上不封顶。

如学完《给刘洋阿姨的一封信》一课后，笔者巧妙地引导道："小朋友，你有什么问题要问一问刘洋阿姨吗？"一石激起千层浪，孩子们纷纷畅所欲言，发表了各自的想法。课后，教师要求学生把这些问题整理下来，仿照课文写一个小片段。一位学生在写话本上写道：刘洋阿姨，我也有几个问题想问一问您：您在太空吃什么？喝什么？您是如何在"天宫"开展科学实验的？您是怎样走出飞船，在月球漫步的？您在太空时，有没有遇到外星人？……相信，只要坚持做下去，努力帮助学生去发掘那些富有特色的句子并学着去练写，学生的写话能力就一定有质的飞跃。

根据一二年级学生语言心理的发展水平来进行写话教学，不必拘泥篇章结构，无须苛求有无中心，只要相信自己的眼睛，忠实于自己的心灵，"我手写我口，我手写我心，我手抒我情。"这样的写话就是好的写话。保持这样的观点，对学生的习作，我们就会多一份欣赏，少一些苛责；多一些感动，少一些失落。也只有这样，教师才能诱发孩子习作的兴趣，使他们不怕作文，走出用文字表现人生的第一步。

（2）大胆实践，诱导写话灵感。

我们在教学生学作文时，特别是低年级学生写话时，如果要求他们整整两节课的时间必须端坐不动，伏案写作，不许讲话，不许做小动作，而且一定要写老师的命题，那么，我们对学生的写作能力是否估计太高了？我们对他们的写作要求是否太苛刻了？

孩子们天性好动，看到一些新奇的东西，不知不觉那双手就摸了上去，"不许动。"看到这种情形，大人们往往大喝一声，殊不知，这一喝却把孩子们了解生活的积极性给喝掉了，把他们观察生活的主动性也给喝掉了。这也不许动，那也不许动，那么表面上看只是限制了孩子的破坏行动，实质上却限制了他们的思维空间和对事物的认知方式，这显然对于孩子的观察行为是有影响的。其实写作就是把思维转化为文字的过程，而一个人如果无动于衷，心平如镜，大抵是写不出什么好文章来的。

那么在我们的课堂中，怎样才能激起孩子们的感情，让他们觉得有话要说，有情要抒呢？

根据低年级学生的特点，有一个好办法，那就是游戏活动。游戏是孩子们的天性，当他们在科学的、趣味的、系统的游戏活动中感受到了什么的时候，再请他们写一些有关文章就不难了。

孩子喜欢折纸飞机，我们就可以利用体育活动课时间让孩子们自己折飞机，然后带他们到操场上比赛。回家后，让学生把当时的情景写下来。"我的飞机上天了""纸飞机""玩中取乐"……孩子们用稚嫩的文字记录了当时的心情，说明学生有话可说，有话想说。

（3）激情赞赏，诱导写话快感。

信心，对学生来说就像发射火箭的助推器，燃料越充分，飞得就越高。教师采用赏识评价，能为各类不同学生创设成功的快乐。尤其是低年级学生刚刚进入写话阶段，写作积极性就受到挫伤，这将会对他以后的写作产生很大的负面影响。一个写作自尊心受创的孩子，将会视写作为一种负担和痛苦，在这种心理状态下是很难写出好文章来的，所以，在一开始教师就要小心翼翼地培养学生写作的兴趣，保护他们创作的积极性。

俗话说："童言无忌。"学生作文常常出现一些在大人眼里会觉得不可思议，甚至觉得有点不合逻辑的句子，虽然稚嫩、可笑，但也颇具智慧灵光。作为教师，对这种充满灵性的表达要细心呵护。

如一名学生写道：我家有五口人，每个人在家里都有一个职务。我爷爷是"总催"，奶奶是"总管"，妈妈是"总督"，爸爸是"总理"，而我则是"总经理"——总要经受大家的管理。对于学生这样的写话，教师除了从心底发出笑声外，不禁对学生奇特的想象暗暗叫奇。

读着低年级学生的写话，或许你会觉得毫无美感可言。但对于学生认真写的片段话语，我们的老师都应该认真批改，并利用每天的语文课时间在全班学生面前进行朗读，并把写得最好的句子抄写在黑板角落上。开展各种各样的激励活动，让孩子从写作中获取快乐。

2.抓住契机，引导学生进入写话的佳境。

（1）当学生欲言又止时。

由于低年级学生积累的字词不多，且生活经验贫乏，他们想表达自己的所见、所闻、所感，但有时一下子难以用正确的语言进行表达。假如教师这时能掌握学生的心理特征，适时进行诱导，在学生需要帮助时推动一下，可能一篇优秀的写话就会得以诞生。

一位老师在庆祝元旦的活动中，带领学生玩"给大熊猫贴嘴巴"的游戏。游戏过后，教师问道："你能把刚才贴嘴巴的情形说一说吗？"这时，学生个个抿着小嘴，好一会儿，一双小手举了起来："我把嘴巴贴到了鼻子上，大家笑了。"接下来发言的学生所说的几乎千篇一律。其实，这就是低年级学生观察时的片面性和词汇的缺乏所造成的。这时，教师再请一位学生上来："这位同学上来时表情怎样？"

生：他笑眯眯地走了上来。

生：他大步地走上讲台。

师：看，老师是怎么蒙住他的眼睛的？

生：老师拿起一个眼罩轻轻地把他的眼睛蒙上。

生：老师把他转了三圈，我想这时他肯定会晕头转向，分不出东南西北了。

师：这位同学又是怎么贴的？

生：简直像个丑八怪。

师：看到他贴错的嘴巴，你们刚才又是怎样的表现？

生：同学们有的大笑。

生：有的从座位上跳了起来，手伸得长长的，恨不得去帮他一下。

师：看到嘴巴贴错了，这位同学怎么样？"

生：他还在咧嘴笑呢。

生：他笑得有点不好意思。

师：如果你们能把刚才说的写下来不就是一篇作文了吗？快把自己最感兴趣的内容写下来吧，也可以写写自己是怎么贴的。

这时，学生已是迫不及待地想写作了，因为此时他们已经有了写作的话题，正是老师适时地点拨，使学生明白，原来写作也可以这样轻松。

（2）当学生欲罢不能时。

在做任何事情的时候，如果意识不到在做一件事，仿佛是自由自在的，仿佛是随意的，即所谓进入了'自由王国"。写话也有它的自由王国。如果当孩子步入了自由王国时，那他们就会有许多的想法，且产生一种不吐不快的心理，这时是学生思维最为活跃的时候；如果教师能抓住学生此时的心理特点，及时进行写作诱导，学生就会进入写作的最佳境界。

有这样一个案例。一次，某校组织学生进行广播操比赛，经过两个星期的认真训练，学生穿着统一的服装来到操场上进行比赛。有一个班的学生，经过努力拿了个冠军。回到班级后，对着第一名的奖状，学生久久不肯安静下来。此时，老师说："现在，大家肯定有很多话想说。"一双双小手马上举了起来。"你们先把想说的话写下来吧。"学生立即拿出本子写了起来。不一会儿，一段段写话诞生了："我站在操场中间，看到那么多眼睛盯着我，紧张得感到心都快要跳出来了。""当老师说我们班得了第一名后，同学们高兴得跳了起来，又是拍手，又是跺脚。""老师脸上也笑开了花。"

一句句朴实的话语吐露的是孩子们得奖后愉悦的心情，这时学生写的文章情真意切，也定会是好文章。

（3）当学生措手不及时。

在教学中经常会发生一些意想不到的场景，这些偶发事件往往能产生写作冲动和灵感，特别是低年级学生对突如其来的事物表现出强烈的好奇心，这时如果教师能帮助学生及时捕捉那些精彩的瞬间，把握时机，适时引导学生及时摄取鲜活的生活素材，自由练笔，放胆表达，将会给我们的教学带来意外的惊喜。

一次上语文课，正当学生朗读得有滋有味时，一名不速之客——小鸟突然闯进了教室，它在教室中间盘旋着，时而飞，时而歇一歇，学生立即被小鸟吸引住了，教室里立即喧闹起来。有的说，有的喊，有的叫。作为教师，此刻停下讲课，让学生尽情地观看。等小鸟飞出了教室，教师趁热打铁："刚才大家看见了小鸟飞离的情景，一定有话想对小鸟说吧，快写下来，把你想说的话告诉小鸟。"

其实，每个孩子对万事万物都有自己独特的体验，孩子的视角是奇特的，孩子们的想象是丰富的，孩子们的语言是富有童趣的，而教师适时的诱导会带给学生无穷的创作乐趣，使他们满怀自信走进习作的天堂。

3.珍视体验，感受学生写话的快乐。

（1）模仿引乐。

第一，迁移模仿。模仿优秀作品进行写作不仅可以使人在潜移默化中受到大家之作的灵气的熏陶，提高自己的文学修养，更重要的是在依样画葫芦中，感受作者的表情达意、谋篇布局、遣词造句的精髓，在模仿中锻炼自己的表达能力。

写话，是小学生从口头语言转而发展成书面语言的一个关键环节。书面语言和口头语言无论在功能上还是在结构上都存在本质的差别。学生进入写话的起步阶段，需要用书面语言来规范语言文字，对于低年级学生来说，从说到写又是一个跨越。新课程实验教材以主题单元的形式编排课文，教材所选的课文文质兼美，有一定内涵，在写法上也有一定的特点，所学教材也注意文体的多样性，其中也不乏名篇名作，能选入教材的更能适合该年龄段学生的特点。所以，作文的起步教学，一定得依托课文，让学生学会欣赏，让学生熟读佳段并背诵，去感受课文语言的丰富、语意的清晰、语法的规范、修辞的恰当，体会作品中的精粹之处，提高学生的欣赏水平，为自己即将的习作奠定规范的高起点的模式。

如小学语文苏教版一年级下册《小池塘》中描写池塘周围美景的句子：白云倒映在池塘里，像一群白鹅。太阳倒映在池塘里，像一只鲜红的气球。月牙倒映在池塘里，像一只弯弯的小船。星星倒映在池塘里，像许多闪亮的珍珠。教师在教学中通过"读"——有感情地朗读、"议"——美在哪儿、"画"——哪些词用得好、"想"——想象文中所描述的情景、"说"——读了以后看到了什么等方式，让学生欣赏语言美、结构美、意境美。接着诱导学生回忆生活中所见到的美景，让他们模仿作品畅所欲言，激发创作欲望。

如果说，学生把写话看作像走迷宫一样难，那模仿就是为学生指明走出迷宫的正确方向。当然，模仿并不是学生简单的机械照搬，只有能使模仿的东西内化为学生自己的东西，能促使学生深刻体会优秀作品的共性与个性，掌握写作技法，发展其个性的模仿，才是有效的有用的模仿。

第二，合理想象。模仿本是儿童的行为特征，但在素质教育、创新教育的今天，过多的模仿在一定程度上会与学生的个性培养相违背。在新教材中有些课文，教师如果能充分挖掘课文教学的空白点，结合文本发挥学生的想象，也不失为一种写话训练的有效手段。

（2）导做促乐。

从学生的习作实际来看，习作难写的症结就在于不知道写什么，所以必须借助教师的疏导，使之文思涌来。对于低年级学生来说，观察身边事物的能力较弱，为了让学生在写话时有话可写，教师应有目的、有计划、有步骤地带领学生"做"点什么。

新课程按照单元主题的方式组编教材，有利于教师在教学中有意识地安排各种教学实践活动，把阅读教学、口语交际、综合实践等紧密结合起来。在教学中，教师可以通过让学生查找资料，阅读和本单元主题相关的文章拓展学生的知识面。在写话教学中，教师也同样可以根据课文、单元的主题进行拓展性的写话教学，以便学生更深入地学习，了解本单元所学的内容。

如苏教版二年级下册第一单元的教学，主题是"走进春天，发现春天"。在课文教学中学生被课文中优美的文句所陶醉，听着他们朗读，发现孩子们已对春天产生了一种向往之情，就带领他们来到校园里去寻找春天，来到大自然中去拥抱春天。一系列的活动也使学生产生了写作的强烈欲望，《找春天》《与春天相约》《春的使者》《春天的图画》……一篇篇富有灵性的写话作品诞生了，也让我真实地感受到孩子们与春天的故事。

在每次写话之前，教师只要能有意识地引导学生去"做"，去"玩"，让他们做得开心，"玩"得有味，并从中积累写作素材，不仅其过程生动活泼，而且这种"写"也会逐渐地转化成学生的一种享受。

总之，提高学生的写话能力并非一朝一夕之功。作为一个语文教师，在课堂上既不能"轻举妄动"，也不能"无动于衷"。在生动丰富的写话教学中，需要教师进行"诱导"的地方是层出不穷的。只要教师"运用之妙，存乎一心"，就一定能真正帮助学生打好写话基础，让写话成为他们表达自我的需要。

第二节　实践突围

一、课文中的写话智慧

1.让想象再飞一会。

【设计说明】

课程标准指出要重视写作教学与阅读教学、口语交际之间的联系，善于将读与写、说与写有机结合，相互促进。在写作教学中，应注重培养学生的观察、思考、表达和创造能力。为了达到课程标准的要求，笔者把《狐狸与乌鸦》这一课作为一个媒介，以教材中语言描写为模仿对象，以文章结构为想象依据，充分发挥孩子的想象力，培养学生的想象力和创造性思维，使学生养成勤动脑的学习习惯，从而激发写作兴趣和欲望，让孩子说真话、实话、心里话。

【教学准备】

课件，《狐狸和乌鸦》动画视频。

【教学时间】

一课时。

【教学过程】

（1）谈话导入，激起学习兴趣。

师：有人说过：童话，犹如一颗闪闪发光的宝石，照亮了我们成长的道路；童话，像一个知心的朋友，伴随着我们一起欢乐、一起痛苦。同学们看过童话故事吧，谁来说说你读过、学过的那些童话故事？

生：《白雪公主》《狐假虎威》《狼和小羊》……

师：上个星期，我们也学习了一篇童话，同学们还记得吗？

生：《狐狸和乌鸦》。（师板书）

（2）重组课文，掌握故事结构。

师：老师为大家准备了《狐狸和乌鸦》的动画片，让我们边看边回忆这个有趣童话故事。

师：动画片看完了，有几个智力挑战题，考考你们。（出示题目）谁会做？

生：第一次，狐狸向乌鸦问候，乌鸦没有回答。

师：第二题，想不想试一试？

生：第二次，狐狸关心乌鸦的孩子，乌鸦看了一眼，没有回答。（掌声）

师：谁再说一次？

生：第二次，狐狸关心乌鸦的孩子，乌鸦看了狐狸一眼，没有管他。

师：猜猜看。老师第三道题目会出什么呢？猜到了，你可以当老师了。

生：第三次，狐狸怎样令乌鸦开口？

师：很好的问题。谁来回答？

生：第三次，狐狸夸奖乌鸦。

师：夸奖乌鸦什么？

生：夸奖乌鸦羽毛漂亮，声音好听，乌鸦得意了，一张嘴，肉就掉了下来。
（掌声）

师：第三次，狐狸夸奖____和____，乌鸦____，结果____。这道题有深度了。谁来试一试？

生：第三次，狐狸夸奖乌鸦的羽毛和嗓子，乌鸦很得意，结果肉就掉了下来。

师：（掌声）我们把这三道题目，连起来说，好不好？这个故事别人很熟悉，我们新编一个故事，故事是这样开头的，听：狐狸为了得到乌鸦嘴里的那片肉，第一次……第二次……第三次……会说吗？谁会连起来说？

生：第一次，狐狸向乌鸦问候，乌鸦没理他。第二次，狐狸关心乌鸦的孩子，乌鸦看了一眼，没有回答。第三次，狐狸夸奖乌鸦的羽毛和嗓子，乌鸦很得意，结果肉就掉了下来。

师：很好，（掌声）你们能不能像他一样，把这个故事重编一下呢？

生：（齐声）狐狸为了得到乌鸦嘴里的那片肉，第一次，狐狸向乌鸦问候，乌鸦没理他。第二次，狐狸关心乌鸦的孩子，乌鸦看了一眼，没有回答。第三次，狐狸夸奖乌鸦的羽毛和嗓子，乌鸦很得意，结果肉就掉了下来。

师：谁能像他这样，把刚编的故事记下来？说给同桌听听，开始。（生自由讲故事）

师：这就是一个故事的结构。（板书：故事结构）大家以后也要像这样，用循序渐进的方式把故事编写出来。

（3）咀嚼细节，了解写话手法。

师：狐狸说了哪些花言巧语把乌鸦嘴里的肉骗走的呢？

生：他眼珠一转，对乌鸦说："亲爱的乌鸦，您好吗？"乌鸦没有回答。

生：狐狸赔着笑脸说："亲爱的乌鸦，您的孩子好吗？"乌鸦看了狐狸一眼，还是没有回答。

师：同学们找得既正确又全面。那三次花言巧语是什么描写？

生：狐狸说的话。

生：话语描写。

师：回答都正确，老师统一起个名字叫语言描写。（板书：语言描写）

师：你们从这些话中觉得这是一只怎样的狐狸？

生：是一个骗子。

生：会骗人。

师：看来你们很不喜欢狐狸啊。这就是语言描写的好处，让我们能通过狐狸的语言了解狐狸的狡猾。

（4）以说促写，拓宽写作思路。

师：狡猾的狐狸通过花言巧语骗走了鲜美的肥肉。那么乌鸦眼巴巴地看着那鲜美的肉被狐狸骗走之后，又会发生什么样的事情呢？今天，老师想和大家一起来把这个故事讲下去，就是续写。（板书：故事续写）

师：乌鸦受骗后会想什么？她的朋友、家人会怎样对她？

生：乌鸦会觉得很伤心，很后悔。

生：乌鸦的朋友会嘲笑他，说他太笨了。

师：乌鸦一直很后悔，假设你就是那只乌鸦，你想怎么对待狐狸呢？

生：天天在狐狸家门口等他，然后和他要那块肉。

生：去找森林警察，让警察去抓狐狸。

师：如果乌鸦又找到一块肉，站在大树上，这次会是怎样的结果？

生：乌鸦再次被骗了。

生：乌鸦没有被骗到，狐狸只好灰溜溜地走了。

师：如果乌鸦再次被骗，乌鸦怎么张开了嘴；如果没有被骗的话，也要想出合理的方法，毕竟狐狸很狡猾；若是乌鸦惩治了狐狸的话，也要想出合理的方法，因为狐狸比乌鸦大。根据你确定的结尾，与同桌交流。

师：刚才大家展开了自己想象的翅膀，为这个故事续写了一个个引人入胜的结局。这就是合理想象。（板书：合理想象）

（5）当堂写作，同学互相点评。

师：刚才动了口，现在该动动手了。

出示：狐狸看到后又施了哪一计？狐狸怎样做，怎么说？乌鸦又有什么反应？结果是怎样的？请写下来。

师：哪位同学想来展示一下自己写的续写童话？读的时候，别的同学要注意听，说说哪里最吸引你？为什么？

生：几天以后，乌鸦又叼着一片肉站在树枝上。狐狸又想吃肉了。于是拿来一个弹弓把乌鸦打跑了。乌鸦飞走了，把肉留下来了。狐狸再一次吃到了肉。

师：大家认真听了吗？谁说一说写得怎么样？

生：没有语言描写。

生：没有意思，太简单了。

师：你们评价得很准确。你要按照同学们的意见修改啊！谁再来读一读自己的文章。

生：乌鸦用一个煤球做了一大片肉，叼在嘴里又站在树枝上等着狐狸来。狐狸终于来了，它看见乌鸦又找了一大片肉，就问乌鸦："你怎么不吃那片肉呢？"乌鸦说："我吃过了，这是给你留的，你吃不吃？"狐狸连忙说："吃，吃！"乌鸦把那片肉扔到狐狸面前，狐狸赶快吞下去了，结果被假肉撑死了。

师：哪位同学来说说写得怎么样？

生：很有趣，狐狸受到了惩罚。

生：狐狸很贪心，见到肉就吃。

生：煤是黑的，怎么做成肉？

师：大家说得都很好。这篇文章有语言描写，故事情节也很完整，想象也很有趣。不足之处就是用煤做肉，怎么写会更好呢？请作者来说说。

生：在肉里藏着煤，这样狐狸就看不见了。

师：这样就合理多了。如果我们能给这节课写的故事情节加上一个开头，就是一篇完整的童话故事。作文可以这样开头。

出示：

1）自从被狐狸骗走了到嘴的一块肉以后，乌鸦一直很懊恼。

2）自从乌鸦被狐狸骗了之后，使整个乌鸦家族在森林里的众鸟面前很没有面子，经常被他们嘲笑。

3）狐狸把乌鸦的那块肉骗走以后，乌鸦一直不甘心。

4）自从乌鸦被狐狸骗吃了那块肉以后，乌鸦吸取了教训，不再听信狐狸的甜言。

5）自从上次乌鸦上了狐狸的当后，动物们都嘲笑乌鸦，说乌鸦是个爱听好话的大笨蛋。乌鸦听了很恼火，他发誓一定要向狐狸报仇。经过冥思苦想，乌鸦终于想出了一条妙计。

师：大家结合刚才评价的意见把自己的文章修改一下。

（6）课堂总结，谈学习收获。

师：这节课续写了童话，大家都发挥了想象，给《狐狸和乌鸦》接了一个美丽奇幻的"尾巴"，大家有什么收获啊？

生：我知道了写作文要发挥想象。

生：看狐狸说的话就知道狐狸很狡猾。

师：看来童话故事不仅是宝石和朋友，还是一把金钥匙，开启了智慧的大门。希望你们不仅要爱读书，还要像今天一样创造性读书。

【学生习作例文】

狐狸又来到森林里找吃的，狐狸看见乌鸦嘴里叼着一片肉，狐狸又用老办法说："亲爱的乌鸦，您唱的歌真好听，再唱几句吧。"乌鸦心想：上次被你骗走了肉，这次绝不上当。狐狸很失望，就破口大骂："你这个丑八怪，不但长得难看，唱歌又不好听，而且谁遇见你们就会倒霉。"乌鸦一听非常生气，说道："你这个臭狐狸……"它刚一开口，肉就掉下去了。狐狸叼起肉，一溜烟跑掉了。乌鸦气得哇哇直叫。

【教学反思】

心理学家告诉我们，模仿是儿童的天性，模仿也是儿童学习语言的基本途径之一。模仿优秀作品进行写作不仅可以使学生在潜移默化中受到大家之作的灵气熏陶，提高文学修养，更重要的在"依样画葫芦"中，能感受作者的表情达意、谋篇布局、遣词造句的精髓。

低年级的写话教学是学生写作的起步阶段，对学生习作能力的培养起到了至关重要的用。因此激发学生的写话兴趣便成了教学的出发点和最终归宿。根据低年级学生的身心发展特点，他们对天马行空的想象有着无比浓厚的兴趣。所以童话续写便成了最好的方式，它既有不受约束的时空，也有可以依据的蓝图。

我们教师不仅是教材的执行者，更是课程的开发者。如果我们教师能以现有课文中的故事为蓝本，精简故事内容，提炼出故事的脉络，善于对教材进行二次创新，那么，写话就将变得简单而实效。本案例将看似已完的课文进行设疑留白，让学生发挥自己的想象力，来进行童话续写。这样做不仅使学生加深了对课文的理解，更重要的是鼓励学生去思考，去讨论，发展了他们的思维。

2.低年级的写话中也能有情感。

【设计说明】

低年级很多学生都害怕写话，一听到写话就头疼，认为写话是一件苦差事。学生对写话毫无兴趣，怎能把它当作表情达意的工具？因此，写话教学最重要的是增强写话的趣味性，在"乐"字上做文章。《乌鸦喝水》是个古老的故事，谁都没有对它提出质疑。本节课就是在这貌似不可争辩的事实之上，带领孩子去探究、去实验、去激发写话的兴趣。

【教学准备】

实验用的器材。

【教学时间】

一课时。

【教学过程】

（1）设疑导入，激发兴趣。

师：同学们，大家还记得那只口渴的乌鸦是怎么喝到水的吗？

生：把石子放到瓶子里。

师：当乌鸦把石子放到瓶子里，水面是怎样升高的？

生：慢慢升高。

师：你们记得真清楚。今天老师就通过实验给大家演示一下什么是"慢慢升高"。（教师边动手实验，把玻璃弹子一颗一颗地放到装有半瓶水的带刻度的瓶子里。水位慢慢升高。教师在做实验时，还提示学生观察。学生们都瞪大了眼睛目不转睛地看）

师：现在知道什么是慢慢升高了吧。那你们觉得乌鸦一直这样放石头，就一定喝到水了吗？（学生猜测，有的不假思索地说"能"，有的迟疑片刻后说"不能"）

（2）观察试验，激发真情。

师：我们现在先不盲目地下结论。电视台有一个颇受大众欢迎的栏目《人生AB剧》。现场的嘉宾、观众朋友总要在两难问题之间做出选择，我们现在也来做个节目。这样，请选择乌鸦能喝到水的同学坐到教室左边（A组），选择乌鸦可能喝不到水的同学坐到教室右边（B组）。（学生兴致勃勃，自主选择A、B两个方阵就座）

师：请问A组，你们为什么肯定乌鸦能喝到水？

生：乌鸦把石子放进瓶子里，水就慢慢升高，乌鸦就能喝到水。

师：言之有理，课本上就是这么说的。请问B组，你们怎么想的？

生：我想老师问这么简单的问题，恐怕有蹊跷，这大概是个陷阱，说不定乌鸦真喝不到水。

师：原来是蒙的。那么乌鸦到底能不能喝到水呢？请看实验。（教师开始边动手实验，边提示学生观察。教师把玻璃弹子一颗一颗地放到装有半瓶水的带刻度的瓶子里。水位慢慢升高。"水位升高了！水位升高了！"A组同学高兴地喊了起来，仿佛胜利一定属于他们了。B组同学有的继续认真关注，有的面露红润，有的则跑到A组那边。"注意观察啊，实验还没完呢。"老师再次提醒大家。"咦，水怎么上升得慢了？"坐在前面的一个同学叫了起来。教室里一下子又静了下来。果然，随着瓶子里弹子球的增多，水位上升得越来越慢，最后竟然停在一个刻度不动了，而且弹子球已经超过水面了。"我们赢了！"B组同学兴奋地跳了起来，做着"V"字形动作，喊着"耶"还不停地向A组同学扮鬼脸）

师：这究竟是怎么回事？下面小组讨论，然后给大家一个解释。（学生小组讨论，教师参与一个小组的讨论，不一会儿，B组抢先发言）

生：是水躲到弹珠球的缝里去了。缝隙太多了，水太少，填不满，所以，水就不再往上升了。

（3）总结收获，当堂写话。

师：好！这一实验还能给我们带来哪些启发呢？

生：我知道了课文中的表述也不一定是完全正确的、全面的，不要盲目地相信。

生："事实胜于雄辩。"只有多实践、善观察、勤思考，才能获得真知。

师：你们想把这次的实验告诉更多的人吗？

生：想。

师：那你们准备怎么做呢？

生：回家告诉父母和朋友。

生：可以把实验写下来。

师：两种方法都很好，我觉得如果写下来是不是可以让更多人知道这个实验呢？

生：是的。

师：那你们觉得难写吗？

生：不难，因为这个实验很有趣。

生：我也觉得不难，因为这是我们自己做的实验。（脸上露出得意的神情）

师：那现在就动手把这个有趣的实验写出来吧。

（4）展示互评，对照修改。

师：大家都写得很快，说明大家都有很多话说。谁来展示自己的创作？

生：今天老师让我们猜乌鸦能不能喝到水，我觉得肯定能。老师拿来一个装了一点水的瓶子，把玻璃球慢慢放进去。开始水慢慢升高，可到最后水不升高了。这个实验让我知道了乌鸦这个方法是喝不到水的，也让我知道了书本上原来也是有错误的。

师：写得真完整，谁来评价一下？

生：他把自己的收获写出来了。

生：实验的过程写得很详细。

师：大家评价得很好，可我觉得还是缺少了什么？你们知道吗？

生：不知道。

师：不知道没关系，我来问一个问题。实验过程中，你们觉得哪个部分让你记忆最深刻？为什么？

生：开始分组的时候很有趣，大家都不知道答案，都是随便选的。

生：当我看到水升高的时候很激动，我觉得我选对了。可是后来水不升高了，我很吃惊。

生：我选的是喝不到水。开始水升高的时候，我很紧张。后来水不升高了，我就很兴奋，我竟然猜对了。

师：你们看，实验时自己的心理感受都不尽相同。如果我们把自己的心理感受加到文章里会怎样呢？大家试一试。

师：再请刚才的那位同学把修改后的文章读一读。大家感受一下有什么不一样的。

生：今天老师让我们猜乌鸦能不能喝到水，我们都不知道答案。我也一样，于是我就选了能的那个小组。老师拿来一个装了一点水的瓶子，把玻璃球慢慢放进去。看着开始水慢慢升高，我心里高兴极了，我以为我猜对了。可我没高兴太久，瓶子里的水就不再升了。当时我的心里很惊讶，也很纳闷。这个实验让我知道了乌鸦这个方法是喝不到水的，也让我知道了书本上原来也是有错误的。

师：你看，把自己的心理活动写出来，文章立刻就不一样了吧。我相信大家当时的心理活动肯定都不一样。只有把自己独特的心理感受写出来，文章才会与众不同，才会吸引人。

【学生习作例文】

奇妙的实验

今天老师让我们猜乌鸦能不能喝到水。我觉得可以，所以选择了A组。后来老师拿来一个玻璃瓶开始做实验。看到瓶子里的水慢慢升高，我心里可高兴了，心想：B组的同学真笨，书上都写了，还觉得不可以，也不知道他们怎么想的。可后来水都"躲"到石头的缝隙里去了，水不再升高了。看到水不再升高了，心里可着急了。最后水停在那不动了。这个实验让我明白了课文中的表述也不一定是正确、全面的。

【教学反思】

当我把问题"乌鸦一定能喝到水吗？"抛出后，学生兴趣大增。乌鸦喝水这一科学小实验极大地满足了儿童强烈的好奇心。

有趣的内容还必须借助鲜活的形式。课中巧妙地利用媒体资源，让倍受大众欢迎的"人生AB剧"从电视走进课堂。这一形式大大开放了活动的空间，活跃了课堂气氛，他们热情高涨，始终处于一种积极亢奋的状态。学生的心态完全放松了，思维变得活跃，感受也更加深刻。提供学生"乐写"的素材，有东西可写，才能让学生易于动笔；营造学生"乐写"的空间，有写作的欲望，才能让学生乐于表达。

二、教材中的写话教学

1.《春天来啦》教学设计。

【教学理念】

口语交际《春天来啦》是苏教版一年级下册练习二中的一次口语交际练习，是一道以介绍春天景物为内容的言语交际练习。文中的插图提示了交际的内容，"讲给全班同学听"则提示了交际的对象，应让学生当众练习。这次口语交际意在让孩子离开教室，走出校门，离开书本，回归自然，去感受生活，去亲近自然、共享自然，去做孩子们天性中想做的事，让孩子在丰富多彩的大自然中获得全身心的发展，同时这样的口语交际也是学生练习写话的好机会。因为低年级的孩子直观感触强于空间想象，只有先说，才会后写。为此，本次口语交际教学初衷是与写话教学相结合。

【教学目标】

（1）让孩子们在已经感知春天的基础上，展开合理的想象，在老师的指导下按照一定的顺序观察图、理解图、扩展图、叙述图，练习说话、写话。

（2）让孩子通过对春天一些"新发现"现象的描述，培养孩子爱自然、爱生活、爱写话的情趣。

【教学重难点】

培养学生观察生活的能力，用文字表达出来。

【教学准备】

提前布置学生在成人的带领下按照练习二"口语交际"的要求，积极参加找春天的实践活动。

【教学过程】

（1）春天的记忆。

1）唱春天。

小朋友们，春风姐姐轻轻吹了一口气，春天就悄悄地来了！春天是个顽皮的娃娃，他在和我们捉迷藏呢。春天在哪里呢？让我们一起到歌声里去看看吧！（轻声播放歌曲《春天在哪里》，教师带动孩子们一边拍手一边唱歌，激励孩子们在歌唱中去做一些舞蹈动作）

请你说一说，歌声里的春天在哪里呢？

2）演春天。

春天在小朋友们的眼睛里，春天在甜美的歌声里，春天在小朋友的舞蹈里……春天也在我们的课文里，我们来做个游戏吧：刚学过的这一单元里，描写春天的内容可真多，咱们一起边背诵边表演，比一比，看谁能把春天演活了！

师生共同回顾课文，表演下列内容：

草儿绿了，花儿开了，春天来啦！

春笋，它们迎着春风，在阳光中笑，在春雨里长……

春风姐姐轻轻吹了一口气，小池塘就醒了……

盛开的梅花你桩着我，我挨着你，像蓝天下的片片彩云……

春风吹绿了小草，吹开了杏花。蝴蝶在花丛里飞，鱼儿在小河里游……

其设计理念为：歌声里的春天，课本里的春天，既打开了孩子们的思路，发掘其表达潜力，又为后面的说写活动做好了知识和情感的铺垫。

（2）春天的足迹。

1）看春天。

小朋友们，在你们的表演中，春笋长了，池塘醒了，梅花开了，小草绿了，春天真的来啦！（出示课文中的放大图画）看，图中的小朋友多快乐，让我们一起来找一找彩图里的春天吧！（板书课题：春天来啦）

第一，观察事物有先后。

哎呀！图里的春天无处不在，这么多，这不就容易找乱了吗？你有什么好办

法帮帮老师吗？（引导学生思考：我们该从什么地方开始找？按什么顺序找？教师归纳：可以按先上后下，先近后远的顺序说）

排排坐，分果果，让我们按一定的观察顺序给图上的景物们排排队吧！（教师根据学生的回答，课件显示词语。示例：燕子　柳树　桃花　孩子　春笋　小草　蓝天　白云　麦苗）

讨论：说一说，你还能按什么顺序观察？

第二，模仿说话写话要具体。

刚才大家和老师一起表演了描写春天的课文内容，把春天"演"活了！其实这些内容可是我们今天练习说话写话的"师傅"呢！我来说，你来学，用"嘴"也能把春天说"活"呢！想不想试一试？

A. 指导学生说好开头的第一句话，示例：

我来说：春风姐姐轻轻吹了一口气，小池塘就醒了。

你来学：春风姐姐轻轻吹了一口气，＿＿＿＿＿＿＿＿就醒了。

B. 指导学生按板书上词语的顺序逐一说好每一种景物，示例：

（出示燕子、柳枝、桃花等图片）多美的景色呀！从小朋友的眼睛里老师发现这些画面已经把我们的心带入了春的怀抱，让我们尽情地描绘一下这些景物，好吗？

我来说：盛开的梅花，你挨着我，我挨着你，像蓝天下的片片彩云……

你来学：盛开的桃花，你挨着我，＿＿＿＿＿＿＿

我来说：池塘边的芦苇长起来了，像长长的睫毛……

你来学：池塘边的柳树垂下了碧绿的枝条，像＿＿＿＿＿＿＿

C. 指导说一句结束的话，示例：

我爱春天；春天是一幅多彩的画；春天真美呀！

D. 指导将整个内容连起来说，可发挥想象说图中没有的景物。示例：

春姑娘像个魔术师，她一指柳树……柳树姑娘的长辫子垂下来，好像在梳理自己的头发；她一指小草，小草从土里钻出了小脑袋，偷偷地打量这个全新的世界……

2）听春天。

"春天在哪呀，春天在哪里，春天在小朋友眼睛里，还有那会唱歌的小黄鹂……"瞧！小朋友们不光用眼睛去看，还能听到春天的声音呢！说一说，你在课前老师布置的找春天的过程中，听到了哪些春天的声音？

A.交流：你听到了什么？看到了什么？想到了什么？

B.指导：快，用你的语言，把你头脑中的那些美妙的画面"画"出来吧！

示例：

鸟鸣声：鸟儿在唱歌，鸟妈妈和孩子在游戏……

溪流声：在小溪的歌声里，鱼儿在快乐地舞蹈……

蜜蜂声：向每一朵花儿问好，那声音真甜……

C.把听的、看的合起来说一说。

其设计理念为：图画中的春天，想象中的春天，让孩子多角度地去感受春天。

（3）春天的美丽。

1）夸春天。

春天这么美，谁不想把她留下来呢！现在我们来做个游戏，老师说前半句，你说后半句。咱们给春天拍个照吧！多媒体逐一出示：

春天来到小草家——

春天来到柳树家——

春天来到桃树家——

…………

小朋友喜欢诗歌吗？其实我们把刚才说的连起来就是一首赞美春天的诗歌。多媒体出示：

春天来到小草家，小草醒了；

春天来到柳树家，柳枝绿了；

春天来到桃树家，桃花红了；

…………

2）写春天。

请拿起你的笔来，给春天"照个相"吧！

友情提示：

图上有这么多美丽的景物，大家又看到了大自然的美丽景物，可以把春天里最美丽的景色描述给大家听，也可以写成儿歌和小诗呢！

写时要注意格式，开头空两格。第一行用完后，顶格写。把几种景物连起来写，写完一种景物要加标点符号。不会写的字用拼音代替。注意写字姿势要正确。

巡视，点评。

其设计理念为：夸春天，写春天。

【学生习作例文】

春天来了

春天来了,小草变绿了,柳树发芽了,燕子从南方飞回来了。春风一吹,桃花、杏花、梨花张开了笑脸。蜜蜂在花丛中采蜜,蝴蝶在花丛中跳舞。青蛙在池塘边唱歌。鱼儿在小河里游来游去。小朋友们在草地上跑来跑去放风筝。

春天真美啊!我爱春天。

【设计总评】

本课例,教学内容和方法是一大亮点,将口语交际与写话有效衔接,让人感觉口语交际并不孤立。学生在教师引导下走进春天的图画,用眼去欣赏,用耳去倾听,用心去感悟,用文字去记录,一切水到渠成。反思这节课的教学,感触如下:

第一,情境。教学从学生喜欢、熟悉的音乐入手,利用多元化的情境创建,刺激学生的感官世界,唤起学生的想象思维和生活体验,使学生想说、乐说、有话可说,奠定语言基础。

第二,语言。结合看图写话,让学生把图中看到的说一说,演一演。教给学生必要的听说及交际的方法。给学生适当的示范,有困难的要提供例句。多给学生一些人文关怀,满足他们的实际需要,让他们学会充分展示自己,并从中获得乐趣。

第三,演练。说,先由学生自己看图,寻找春天,再由教师根据学生的实际情况进行指导,让学生有学习主人的意识,调动学习积极性。演,通过学生训练,让学生在演中感受到春天到来的变化,学习通过演与看,培养学生主动积极的参与精神和合作交流的能力。

第四,拓展。课后留给学生的作业其中有一项就是可以把自己说的写下来,或者变成儿歌、变成小诗,这无形中就将口语交际与写话教学有效衔接在一起。语文学习不仅要理解,还要会运用。看图写话也一样,课堂上学生进行口语训练,在不知不觉中帮助学生构建语言模式;课后让学生把自己说的写成一段话或一首小诗,不仅让学生动口还要动手,更要动脑,真正达到口语交际与看图写话有效衔接的目的。

2.《可爱的动物》课堂实录。

【教学理念】

在《可爱的动物》这篇看图写话中,不仅要让学生去观察动物,还要引导他们按照一定的顺序去描述所看到的动物。所以,在此次教学过程中,笔者用一个谜语开头，看看别人是怎么抓重点按顺序来描写动物的，再去模仿说一说，来丰富语言积累打开写话思路，最后再去指导写话。

【教学目标】

（1）能按一定的顺序，抓住动物的特点进行观察。

（2）让学生在有内容，有条理，有一定的想象进行说写小动物的同时，感受到动物的可爱，从而建立起爱护小动物，与动物友好相处的观念。

（3）培养学生观察能力，增强学生乐于书面表达的自信心。

【教学重点】

按照观察的顺序练说一段通顺的话。

【教学难点】

培养学生的说写能力。

【教学准备】

课件、实物（小白兔或小鸡）。

【教学过程】

（1）谈话激趣，揭示新课。

师：同学们，你们喜欢动物吗？

生：喜欢。

师：请看老师写字（板书：动物）。

学生齐读。

师：看到这个词，你会想到什么？

生：想到各种各样的小动物，小狗、小鸡、小猫……

生：被关在动物园的动物，他们很可怜。

师：能想到它们，说明这些动物都是你们喜欢的，而且你认为它——很可爱。（板书：可爱）今天我们就来说说写写这可爱的动物。

评析：从生活出发，以孩子们已有的经验为基础，在学生的脑海中先勾勒一个大概的图景，让学生知道本节课是围绕动物的可爱这个特点来展开的。

（2）谜语为例，熟悉写法。

师：那你最喜欢哪种动物？为什么？（课件出示）请你按照这个句式说一说。

生：我喜欢狮子，因为他们很威风。

生：我喜欢大熊猫，因为他们是国宝。

师：你们有自己最喜欢的动物，老师也有，而且还把它编成了一个谜语，请看（课件出示：长长耳朵三瓣嘴，红红眼睛四条腿。短短尾巴穿白袄，萝卜青菜

吃个饱。——打一动物）

生：兔子。

师：你们真聪明。我想问问，你是怎么猜出是兔子的？

生：三瓣嘴。

师：什么"三瓣嘴"？说话要完整。

生：我是从"三瓣嘴"看出来是兔子的。

生：我是从红眼睛看出来是兔子的。

师：看得真仔细，你们都是从它的样子上看出来是兔子的。那从四条腿能看出来是兔子吗？为什么？

生：不能，因为好多动物是四条腿。

生：老师，我从萝卜青菜看出来是兔子的，兔子喜欢吃萝卜青菜。

师：哇，你真聪明，竟然从生活习惯知道了是兔子。

（教师根据学生的回答，逐一在课件中出示兔子的特点——长长、三瓣、短短、白袄等词语）

师：这些就是小白兔的特点，你抓住了它的特点，所以你就猜出来了。（板书：抓住特点）

师：其实你能猜出来，还有一个原因，也是你们的优点，你知道吗？

生：我们读谜语的时候很仔细。

师：有道理。不但读得仔细，在读的时候，你的脑海中会有什么？

生：兔子的样子。

师：这一点说明你们平时还特别善于观察。因为你们有认真仔细观察的好习惯，发现了兔子的特点，并且记住了，所以老师的谜语一出来，你就抓住特点想到兔子。如果没有平时的认真观察，你肯定猜不出来。希望同学们继续发扬自己这个优点。

师：谁能看着这只小白兔，把它的特点再说一说。

生：小兔子有一身白色的毛，一双红红的眼睛，长长的耳朵，短短的腿，爱吃萝卜和青菜。

师：这个谜语不但告诉我们小白兔的特点，而且还是按顺序说的，你能按照这个顺序，再把小白兔的特点说一说吗？

生：小白兔有长长的耳朵，嘴巴分成三瓣。一双红红的眼睛，还有四条短短的腿，小白兔最喜欢吃萝卜和青菜。

师：这样按照顺序一说，别人听起来就更清楚了。（板书：按照顺序）这还是从头写到尾的顺序。另外我们还可以先整体后局部的观察。（课件出示整个兔子）什么颜色？

生：白色的。

师：（课件聚焦到兔子的耳朵）让我们再把兔子放大一点看看。你又看到了什么？

生：两只耳朵都是长长的。

师：（课件聚焦到兔子的眼睛）这是什么？

生：兔子红红的眼睛。

师：（课件聚焦到兔子的嘴巴）这嘴巴又是什么样子的呢？

生：三瓣的，好像还有点小胡子。

师：（课件聚焦到兔子的尾巴）看看这尾巴，你一定又有发现了。

生：兔子的小尾巴很短很短。

师：谁能按照我们刚才观察的顺序再说一说小白兔的特点？

生：小白兔远看白花花的，走近就看到了它红通通的大眼睛和分成三瓣的嘴，小尾巴还是短短的。

师：这样一说就把小白兔说清楚了。

师：（捧出一只小白兔）你看这只小白兔，远远地看，全身——

生：雪白雪白的。

师：小耳朵、小嘴巴、小尾巴？

生：小耳朵长长的，小嘴巴三瓣儿，小尾巴短短的。

师：观察事物，不但要用眼睛看，还要用手来摸。你来摸一摸，什么感觉？

生：软软的，摸上去很舒服，很光滑。

生：很软和，毛茸茸的。

师：是的，很软和，那这种感觉就像摸着什么呢？

生：像摸着软绵绵的棉花。

师：什么像摸着棉花？你连起来再说说。

生：摸着小白兔的毛就像摸着软绵绵的棉花。

师：说得真好。这就是合理想象（板书：合理想象）

评析：以浅显易懂的谜语为导入点，不仅活跃了气氛，更重要的是让学生一目了然地知道了描写动物的两个重要的方法——按照顺序，抓住重点。写作的理论对于低年级的学生来说是枯燥的，是无趣的，只有用他们喜欢的方式以润物细无声的方法慢慢渗透，他们才乐于接受，易于掌握。在这个教学过程中，通过几次说话练习，学生直观地知道了此次写话要运用到的三个方法。

（3）结合实际，练习说话。

师：你们在生活中也有很多喜欢的小动物吧，它们肯定和这只小白兔一样可爱。谁来介绍一下你喜欢的动物呢？记住在介绍的时候一定要按照一定的顺序来说哦！

生：我喜欢我家的小狗。它长得胖胖的，浑身有白色和褐色的毛。头上有一对尖尖的耳朵，身子后面有一条长长的尾巴。它的嘴尖尖的，鼻子黑黑的。

师：谁来评价一下这位同学说得怎么样？

生：没有顺序。他说了嘴和尾巴又说了嘴和鼻子。

师：听得真仔细。我们应该按照顺序，从耳朵到嘴和鼻子再说尾巴。谁再来说一说？

生：我家有一只小花猫。它很懒，整天在睡觉。它长得很可爱，我很喜欢它。它的头顶上是一对小小的耳朵，耳朵下是一双圆圆的眼睛，胡子很长。它的四条腿很细，走起路来没有声音。

师：谁来评价一下这位同学。

生：我觉得很好，比我说得好。

师：不要谦虚，能看出好，说明你也很棒的。

评析：以说促写，这是低年级写话指导的一个有效方式。说话是一个人内在逻辑的外在体现，也是训练逻辑的有效手段。低年级学生正处于口头语言向书面语言过渡的时期，要让孩子勇敢地去说，为写话打下坚实的基础。

（4）运用方法，当堂写作。

师：同学们所说的动物都是这么可爱，怎样才能用文字展现出来呢？那就需要我们在抓住特点、按照顺序的基础上再展开合理的想象，就可以展现出来了。

师：刚才我们欣赏了可爱的小白兔，现在我们再看看这些动物（课件出示：小狗、小猫、小鸡）这些动物同学们都见过，而且有的同学还养过，请你选择其中你喜欢的一种动物，先抓住它的特点，然后按照顺序展开合理的想象，把它用文字展现出来。如果你喜欢小白兔，也可以写小白兔。或者这几种都不喜欢，你也可以写你喜欢的动物，因为你喜欢它，我想它一定深深印在你脑中了，快把它写出来，让别人也喜欢它吧。

师：我看大家都写好了。那我来展示一位同学写的文章。大家来评一评。（出示：我最喜欢的动物是小兔子。因为它那可爱的样子让我着迷。长长的耳朵，头圆圆的，眼睛红彤彤的，身体椭椭圆圆的，脚短短的，尾巴也是短短的。

看了后，相信你和我一样都会爱上它。所以我觉得兔子是最可爱的动物）

生：应该先写头再写耳朵。

师：对，这样顺序才合理。谁再来说一说。

生：没有想象。可以说头圆圆的像个气球。

师：这样就很有意思了。还可以怎么想象？

生：眼睛红彤彤的像两颗红宝石。

师：这样写就更好了。那我把修改后的文章再给大家看看。

（出示：我最喜欢的动物是小兔子。因为它那可爱的样子让我着迷。头圆圆的像个气球，头上有长长的耳朵，眼睛红彤彤的像两颗红宝石，身体椭圆椭圆的，脚短短的，尾巴也是短短的。看了后，相信你和我一样都会爱上它。所以我觉得兔子是最可爱的动物）

师：你们看，这样一改是不是好多了。现在就请大家按照这个要求把自己的作文修改一下。

师：大家写得都特别棒。你能把你喜欢的动物编个谜语吗？回家后把你写的文章读给爸爸妈妈听，看他们能给你怎样的评价。

【板书设计】

可爱的动物

抓住特点

按照顺序

合理想象

【学生习作例文】

歪嘴母鸡

我家有一只歪嘴母鸡。每天放学，我就观察我家的母鸡。它长得胖胖的，身上的羽毛雪白雪白的，脚金黄金黄的，真美。放学了，我天天去看。它整天向我歪着嘴，真可爱。可是我感觉很奇怪，它生出来的小鸡也跟它的妈妈一样整天歪着嘴，好像在说："干吗看着我啊！我会不好意思的。"我想这就是它整天歪着嘴的原因吧！我放学回家时去看它，它就会"咕咕咕咕"地叫着，好像在说："我的小主人，你回来了！"我很喜欢我家的歪嘴母鸡。

【教学反思】

低学段的学生正处于一个对周边一切都好奇的发展阶段，他们有探索周边的一切事物的欲望。对于他们来说处处存在写话素材，时时产生写话素材。同样，他们在观察周遭的时候缺少一定的逻辑，不能按照顺序，抓不住重点。教师在教学写话过程中既要利用学生的探索欲望，又要帮助他们克服逻辑混乱的不足。在课堂教学过程中充分发掘学生独特的个体体验。在说的过程中只有相互比较，相互映照，才能发现自己的不足。

3.《未来的交通工具》课堂实录。

【教学理念】

低年级学生正处于口头语言向书面语言过渡的时期。他们求知欲强，既有丰富的情感，又善于形象思维。他们迈向写作之门的脚步刚刚抬起，打开他们的写话思路就显得至关重要。《未来的交通工具》这节课的学习主要是调动学生的想象力，激发学生的写作兴趣，完成老师要学生写到学生自己要写的转变。

【教学目标】

（1）引导学生通过展示、介绍自己设计的作品，评价别人的作品，培养学生的口语交际能力。

（2）鼓励学生通过画画、说说、写写自己设计的未来的交通工具，充分发挥学生的思维、想象能力，培养学生口头表达能力和写话能力。

（3）在进行口语交际的过程中，向学生渗透科学思想方法，培养学生的创新精神。

【教学重点】

用几句连贯的话向同学介绍自己设计的"未来交通工具"，并写下来。

【教学准备】

（1）搜集各种交通工具的图片，制作成课件。

（2）学生准备彩笔、画纸。

【教学过程】

（1）看：读懂题目要求。

师：（出示题目）你希望未来的交通工具是什么样的？展开想象画一画，再用几句话写一写。

师：请同学们把题目认真读一读，说说今天我们要写什么？（生读题交流）

生：让我们把交通工具画出来，再写几句话。

师：他回答得完整吗？有什么要补充的？

师：同学们，题目要求我们写的交通工具是我们身边常见的交通工具吗？有什么区别？

生：我知道了，不是现在看到的交通工具，而是未来的，就是还没有出现的。

师：你讲得真好。今天的写话不仅是要求我们写话，还要求我们做什么呢？

生：还要求我们画出来。

评析：在教学中，老师要教会学生学会读题，抓住关键词理解题目的要求，为下一步想象写句话做铺垫。具体写话之前要认真仔细观察，加深理解，形成清晰的印象。

（2）想：联系生活经验。

师：小朋友们，你们知道吗？在很久很久以前，人们靠什么交通工具出行吗？

生：骑马、骑驴……

师：对啊，基本就靠这些工具，那真是慢极了。后来，人类发明了自行车、摩托车、汽车、火车、轮船、飞机……但现在的交通工具还有什么缺点？

生：汽车只能在路上跑，经常堵车。

生：轮船太慢了，还会晃来晃去。

师：哇！你们说得实在太好了。那未来，是不是会有更好的交通工具呢？让我们做个小小发明家，大胆地想一想，一起来设计未来的交通工具吧！你想象的未来交通工具有什么特点呢？它具有哪些现在的交通工具所不具备的优点呢？（学生联系生活中的交通工具有哪些不便的地方，加以想象设计未来的交通工具）

生：我想发明带翅膀的汽车，这样就不怕堵车了。

生：我想发明可以缩小的汽车，这样就不怕没有停车位了。

生：我想发明加水就能跑的交通工具，不用花钱。

…………

评析：想就是幻想，是写话的重点。儿童世界充满丰富的幻想。教师应遵循儿童成长的心智特点，充分开发学生的心理亮点，指导学生掌握一定的想象方法，学会幻想。可以通过提问引导学生联系已有的生活经验加以创造，鼓励学生围绕题目要求进行认真思考，大胆设想，合理想象。

（3）画：描述脑中景象。

师：大家都有丰富的想象力啊！那现在我们就做一回设计师，拿起画笔，将你设计的未来交通工具画下来吧！给你的交通工具设计一个漂亮的造型吧！别忘了，可以给它涂上鲜艳的外衣哦！

评析：画是描述，是写话的基础。从幻想到画画，是一个呈现的过程。低年级学生往往对画画比较感兴趣。有了前面的认真思考和合理幻想，学生的思路被打开了，急切地想把自己的想法描述出来。在画画的过程中，可能会发现新问题，所以画画还是一个再幻想创造的过程。低年级的孩子以形象思维为主，喜欢色彩明艳的图画。因此，将动手画画和写话结合起来，不仅能提高孩子的兴趣，还能鼓励孩子认真思考。

（4）说：表达胸中所想。

师：下面我们将你们设计的未来交通工具介绍给小组的同学，说说它有哪些功能？要按顺序说完整，说生动，把你心里想说的都要说出来。（宣布规则，学生在小组里互比，推荐一个画得好且介绍得最好的同学参加全班比赛）

生：我发明了海陆空三栖汽车。它平时和普通汽车一样在马路上行驶。如果遇到堵车，就会伸出机翼，通过垂直喷器口，让汽车飞上天；如果想要去海上玩，也可以把轮子变成船桨，在海上行驶。

生：我的未来交通工具应是一辆既环保又节约能源的小汽车。它靠的是太阳能，一张太阳能卡，它可插在方向盘上。汽车可变大，也可变小，车上装有一个话筒，对它说想去哪，它就能带你去。车门全是根据主人的声音控制的，不用开门和关门。在堵车的时候，对话筒说"飞车"，它就会从两边伸出两个机翼带你慢慢地向上升，飞起来。

评析：在说的过程中，教师提出了具体的要求，比如要有开头，要有结尾，条理要清晰，并能按一定的顺序来说话。在说话时，教师要适时地指出其中的问题，给他们更好的建议，并恰当地给予鼓励。

（5）写：表达心中所想。

师：刚才同学们画得好，介绍得也生动，还加入了自己的幻想。老师再提高难度，考一考大家，看能不能把刚才所想所说的写下来。大家看，该怎么写？先写什么？再写什么？接着写什么？

生：先写样子再写功能。

生：要写未来交通工具的优点。

生：要写未来交通工具比现在交通工具先进的地方。

师：大家说得都很好，现在大家都动笔写一写吧。

师：大家写得都很不错，谁有勇气把自己设计的交通工具介绍给大家？

生：未来的交通工具一定最神奇、最环保。我想做一个水动环保的汽车，这个汽车只需要加水，然后通过电脑设置好要去的地方，就能以一分钟五百多千米的速度奔驰去目的地。汽车排出的尾气绝对不会造成污染，它排出的是一种健康的水泡，水泡一破就变成氧气。汽车外壳是具有弹性的，所以即使发生意外也不会对别人和自己造成伤害。

师：好环保的车，这个交通工具怎么样？谁来说一说。

生：我觉得"就能以一分钟五百多千米的速度奔驰去目的地"不通顺。应该这样说：能以一分钟五百千米的速度飞向目的地。

师：这样很完整了，那可以再加一个结尾吗？

生：我设计的交通工具是不是很神奇，你们一定很喜欢吧。

师：这样一加，这篇文章就可以得一百分了，看来好文章是修改出来了的。现在和同桌互相讨论，看看该怎么修改。

评析：写是表达，是写话的核心。前面的看、想、画都是为了后面的写铺垫。要抓住事物的特点把话写完整；要抓住细节，把话写生动。鼓励学生运用学过的词语，运用比喻、拟人等修辞手法，使文字变得美起来。

【学生习作例文】

我发明的车可以在陆地上奔驰，可以在天空中飞翔，也可以在大海里游泳。这辆车全身是花朵，它不但不排出尾气，还能净化空气，减少对海水的污染。人们可以驾驶它环游世界。

将来，地球上的垃圾就会消失。人们将来会生活在一个天然的大氧吧里。

【课后反思】

本节课的安排是这样的：首先回顾我们人类各个发展阶段的交通工具的情况，然后介绍现在的交通工具。

学生在交流他们乘坐现在的交通工具之后，把他们认为不舒服或者不好的一面进行交流。在这些问题之中，可以启发学生进行改进。学生针对各种问题进行想象，然后再进行创作，在自己的纸上画出自己想象的未来的交通工具。学生将自己的作品展示大家看。这就启发教师在课堂上设计若干个学生的感兴趣的活动，对于学生的积极性的调动非常重要。然后让学主动去说，这为最后的写打下了坚实的基础，不仅锻炼了学生口头表达能力，也渗透了写话时所要包含的内容，让写话水到渠成。

第二章　写出信心

——中年级习作教学的突围与实践

第一节　理念突围

一、开启中年级学生习作的自信密码

习作教学一直是小学语文教学中的难题，长期以来困扰着语文教师，影响了教学效率的提高。特别是中年级学生正处于习作起步阶段，许多学生害怕习作，一提起笔就抓耳挠腮，觉得无内容可写，题材千篇一律，难以表达真情实感。

课程标准指出，写作教学应让学生易于动笔，乐于表达。中年级学生应该"留心周围事物，乐于书面表达，增强习作的自信心。能不拘形式地写下见闻、感受和想象，注意表现自己觉得新奇有趣的或印象最深、最受感动的内容。愿意将自己的习作读给别人听，与他人分享习作的快乐"。从"分享""乐于""自信心""愿意"等词中，我们发现，课标要求学生应该拥有习作自信，能够积极主动地参与到习作中来，增强习作兴趣。

自信心是做好事情的前提与基础，学生只有拥有了习作自信，才能细心观察生活，潜心思考，从而写出富有新意的文章。因此，语文教师有责任释放学生的心灵，帮助学生发现自己的写作潜能，开阔视野，找回写作的自信。鉴于此，在具体的习作课教学过程中，若能充分考虑学生年龄特点和心理特点，遵循自信心培养的原则，进行一些积极有益的激发学生写作自信的研究与实践，一定能提高学生的作文水平。

在开展习作自信心培养的实践探索中，笔者用理论指导实践，认真总结，对习作教学的相关问题进行了探索，在实践中形成了一系列具体的策略。

1.作前预习，积"水"成源。

可见，习作不是简单的两节课的教学，应该在课前就让学生做大量的准备工作，在生活中捕捉有效信息，做好充分的准备，那么在课堂上，那些提起笔来无

话可说的孩子可能就很少存在了。

（1）观察体验，表格记录。

中段的习作内容，多半是写人记事、写景状物类的作文，观察和体验尤为重要。在习作课前，我们经常会根据习作的要求，提前布置学生观察体验，获得切身的感受和体会，并将这一结果用表格的方式记录下来，显得一目了然。

在描写动物的习作前，教师让学生进行了观察表格的填写，如填写观察的部位、观察到的样子以及自己联想到的情况等。

通过耐心细致的观察和体验，学生对写什么有了比较明确的了解，对文章的写作顺序也一目了然，习作也就自然而然地产生了。

除了这种写景状物类的文章，其他如写人、写事的文章都可以用这样的表格来给学生搭桥铺路，有效地降低了写作难度，增强了学生的习作自信心，也为学生的习作提供了源源不断的活水。

（2）收集资料，筛选信息。

在习作过程中，我们经常提倡学生写作要真实，要写亲身经历的事情，但在实际操作的过程中，因为有些习作内容离学生的生活经历相去甚远，这就需要学生在习作前做好充分的准备，让学生搜集各方面的材料，根据阅读筛选这些资料加深对习作的认识，并在阅读过程中加入自己的感受。比如让学生写"留心身边的一些不良行为，凭借具体的资料，提出自己的看法，达到倡议的目的"这篇习作时，让学生带着问题去搜集资料，在搜集中不断思考，习作时就不会无米下锅，不会无话可说了。

总之，在每次习作前，教师都会让学生进行预习，学生就能在充足准备的前提下增强自信，积极地面对每一篇习作。

2.作中引领，"扶"出自信。

（1）填空引路，拾级而上。

三年级学生生活内容贫乏，认识水平有限，表达能力不强，因此不能过高地估计他们的写作水平。要培养写作的自信心，教师就要减缓坡度，降低难度，让学生在能力所及的情况下，大胆地记事、写人、抒情，让他们对习作不再畏惧。

因此，在三年级习作起步阶段，我经常会用"填空引路"的方式降低习作难度。所谓"填空引路"，就是在习作时，给学生搭好框架，给他们一个"填空式"的扶手，通过这样的方式降低习作的难度，"扶"出学生习作的自信。

如在描写一场拔河比赛的习作指导课上，我给了学生这样的填空：

在同学们的急切盼望下，比赛即将开始。三（3）班和三（4）班的运动员们

_____，他们两眼_____，双手_____，就像_____。哨声一响，同学们就_____。绳子中间的红绸带_____。双方的啦啦队员们也_____。双方僵持不下，眼看着同学们_____。不知是谁大声喊了一句："三（3）班，_____。"我们班的运动员们顿时_____。你瞧，他们_____。由于同学们的团结一心，绳子上的红绸带终于移向了我们班，我们胜利啦！

学生在这份填空的帮助下，初步掌握了这类场面描写作文的写作思路和方法，所写习作较他们之前的初稿有了很大的进步。很多学生的这次习作都打了高分，这对他们来说，无疑是写作自信心增强的一种很好的证明。以下两个片段是一位学生习作的前后对比：

初稿：这一局，我们的对手是三（4）班。比赛开始了，我们全体运动员用力地向后拉，整个身体向后倒，一开始我们还有优势，但对手实在太强了，我们有点坚持不住了。但是，经过一段时间后，对手也开始精疲力竭了。当我们班的运动员听到场外的啦啦队在热情地喊"加油"时，我们又咬着牙，以顽强的精神坚持了下来，最终获得了胜利。

修改稿：在同学们的急切盼望下，拔河比赛开始了。三（3）班和三（4）班的运动员们迈着稳健的步伐走向了场地。他们两眼紧紧地盯着对手，双手像铁钳一样牢牢地抓住麻绳，就像一个个勇敢的战士随时准备参加战斗。哨声一响，同学们就奋力向后倒，使出了吃奶的力气拼命往后拉，额头上冒出了细密的汗珠。绳子中间的红绸带一会儿向左，一会儿向右，就像个顽皮的孩子。双方的啦啦队员也不甘示弱，齐声呐喊："加油！加油！"双方僵持不下，眼看着我们班的队员就快坚持不住了，不知是谁大声喊了一句："三（3）班，好样的！咬紧牙，坚持住！"运动员仿佛瞬间注入了一股力量，你瞧，他们肌肉紧绷，青筋直暴，奋力向后拔。由于同学们的团结一心，绳子上的红绸带终于移向了我们班，我们班胜利啦！

有了"填空引路"，学生觉得这篇作文容易多了，结构清晰了许多，语言也在启发下显得很生动。教师在习作过程中像这样扶学生一把，可以帮助学生消除各种心理障碍，就能激发其写作自信，他们就会积极主动、心情愉快地去写作文，自然、优美的文章便能像悦耳的音符一样流淌出来。

（2）读写结合，有章可循。

作文教学要与阅读教学密切配合。在作文教学中，要引导学生把从阅读中学到的基本功，运用到自己的作文中去，因为阅读是作文的基础。然而，在语文教学中却普遍存在着一种现象，那就是课文与作文的完全脱节。其实，小学语文课本所选的很多文章在题材选取、体裁安排、布局谋篇、遣词造句等方面，无不匠心独运，是学生模仿习作的典范。如果能在教学中把阅读教学与学生的作文实际紧密联系起来，根据教材特点，精心选择读写结合点，给学生提供有效借鉴的对象和创造的依据，及时有效地进行模仿和创造性练笔，那对于提高学生的作文水平是很有帮助的。

比如"抓住典型的段落进行作文指导"时，我们将文本教学和练笔相结合，很好地给予了学生指导。

以教学《北大荒的秋天》第四自然段为例。这段话是总分结构，第一句总写原野热闹非凡，再从大豆、高粱和榛树三方面具体分述。这种先总的介绍，再分别具体描述的总分段落对于学写作文的小学生来说，有很强的示范性，也是课后练习的要求。教学到这儿，让学生们在反复朗读的基础上，自由谈谈读了这一自然段的感受："思路清楚，条理明确。""让人一目了然。"于是趁热打铁：现在想请你也来试试，观察一下花坛中的桂花，看看桂花花瓣的形状、颜色，用鼻子闻花的香味，再以"校园的桂花盛开了，多么美丽啊！"为总起句，按照观察顺序把桂花的形、色、味具体说一说。之后随机指导他们把刚才所说的内容写下来，效果很好。这次练习的成功，就在于教师给学生提供了进行模仿和创造性运用的"例子"，学生有例可仿，事半功倍。在此基础上，在国庆节前，又让学生自己去感受国庆节期间的商场、公园、旅游景点……仔细看，仔细听，仔细想。节后的课堂上，又让学生先用概括的语言介绍一下所写景点的最大特点，再选择两到三个不同的角度试着用具体的语言描述一下。课堂顿时热闹起来："桂林风景区最大的特点是山水交融，风光秀丽……""红梅公园最大的特点是花朵十分美丽……""南大街最大的特点是非常热闹，是人们娱乐休闲的好去处……"接着，教师继续点拨："那么你准备从哪几方面来表现这一特点呢？""我准备抓住桂林的山奇特、水清澈碧绿来写。""我准备抓住红梅公园花朵的颜色五彩缤纷、味道沁人心脾、造型千姿百态来写。"在孩子们争先恐后的表述中，这种总分式的段落表达形式已在孩子们的心中生了根，写起来得心应手，有话可说，作文难关不攻自破，同时，自信心也得到了增强。

（3）镜头定格，看图描摹。

三年级的孩子面对看图写话这一类的写作，多数人不会觉得太难，因为图上有内容，只要将文中的内容说清楚，文通句顺即可达成三年级的作文目标。

但是有时候让孩子叙述一件事，特别是要求将细节描写清楚的时候，学生就显得言之无物了。往往一件事情两三句话就简单地说完了，不知道要说些什么。在一篇文章里，如果没有具体的叙事，找不到准确生动的语言来表达所要表达的思想，会让人很容易产生枯燥空洞的感觉，引不起人再往下读的欲望，这样的文章就算不上是一篇好的文章。我想，出现这个问题的原因可能就是学生的脑海里没有事件的影像，或者对于事件的影像显得很模糊。因此，我想，如果能将事件还原出来，让学生回到那个现场，以写作的视角再去回望整个事件，是不是会言之有物呢？

例如，在某次体育节上，带上相机，给学生撷取一个个镜头，然后将这个过程分为了三部分：镜头撷取、影像再现和准确定位。

镜头撷取：让学生先用眼睛作相机，认真观察场上的队员和啦啦队员的表现，关注到每一个细节。然后我用相机记录下来一些比赛项目最典型的一个镜头。课堂上，我将照片展示给学生，并告诉学生，整个活动的过程很长，但是我们的作文要写得精彩，就必须要抓住重点来写，因此，必须从一个个画面中撷取到一个最典型的、最激动人心的、最精彩的镜头记在你的心间，然后围绕这个镜头细细描摹，才能写得生动。

影像再现：当我把照片放在投影仪下，我让学生抓住最主要的人物进行观察，场上最主要的就是比赛的队员，然后从这些队员中，再选择最吸引你的那个细细观察他的动作神态。因为有再现的照片，有明确的观察对象，学生观察得特别仔细。当然，在观察完主要人物后，学生还关注到了啦啦队员以及场上热烈的气氛，内容显得越发丰富了。

准确定位：确定好自己写作的内容和写作顺序，接着就可以酝酿语言，开始写作了。

认真具体地做到以上这几步，一篇文章的大致结构勾勒出来，然后再适当地添些枝叶，一篇场面描写的作文就大致成型了。

（4）删"简"就"繁"，短话长说。

很多同学都有作文写不长的烦恼，一件本来很有意义的事，三言两语竟然写完了。为了凑字数，于是，信马由缰，胡乱编造。其实，作文写不长，原因很多，最主要的原因有两点：一是观察不细致。很多同学不善于从视觉、听觉、嗅觉、味觉、触觉等多角度去关注生活，没有做生活的"有心人"，没有全面调动各种感官，带着自己独特的思想感情去感受、体验生活。二是语言不丰富。不少学生由于阅读面不广、阅读量不够、积累量不足，书面语言的发展比较滞后，很多可以细腻描写的地方往往一个词就带过去了，文章显得单调而乏味。因此，在课堂上要教学生用删"简"就"繁"、短话长说的方法不断训练自己，以提高对生活的感受力，进而提高他们的习作自信。

1）出现动词的时候用连动。连续性动词的使用往往能让文章显得更生动。比如，有的孩子在写搓元宵的时候，往往只会说"我把面团放在手心里不停地搓着，终于搓出了一个可爱的元宵"。我让他们试试这种办法，于是，有孩子顿时来了灵感："我拿起一块面团摊在手心，另一只手微微弯曲着，沿着顺时针方向用力均匀地搓起来，很快，一个圆鼓鼓的小可爱就从我两只手中间跳了出来。"我立刻当作范例读给同学们听，并在班里加以表扬，孩子的脸上露出了自豪的笑容，更重要的是更多的孩子模仿着这样的例文，写出了一篇又一篇佳作。

2）出现"很"的时候不用"很"。当表达情感的时候，孩子们最喜欢用"很高兴""很伤心"，我告诉他们能不能不用这个"很"，用一段长长的描写来表达你此刻的心情呢？于是，他们将"舞龙表演队来到了操场中间，我看了很激动"改动了，变成了"随着一阵喧天的锣鼓声，舞龙表演开始了。同学们一下子都围了上来。我急于想看得更清楚，无奈个子矮。于是，我踮起了脚尖，伸长了脖子，拼命趴在前面同学的肩膀上，嘴里不住地喊着：'求求你了，把头低下去一点，给我看看，给我看看！'"这样精彩的文字还有很多。我一本本在班里边读边表扬，孩子们的积极性空前高涨。可见，充分发挥学生获得"成功"的心理优势是激发学生内部动机的有效措施。

（5）绘画想象，创设情境。

在平时与孩子的交往中，我发现很多孩子特别喜欢画画。那么，是否可以将习作与他们的兴趣点结合起来呢？因此，我们试着将绘画和习作相结合，为学生创设生动的习作情境，让他们减少对习作的排斥心理，主动地参与到习作中来，这样可以极大地增强他们的习作自信。

在《三袋麦子》学完之后，很多学生都在书上仿照着插图画了三个小动物的形象，很可爱。于是布置了这样一个作业：课文学完了，如果让你续编故事，你是否能用图画的形式，创作出一个新故事呢？孩子们听了很感兴趣，第二天就收到了很多有意思的作品。接着又对孩子们说："同学们的故事让老师大吃一惊，觉得都非常有意思，但是你身边的小伙伴可能不太懂你的意思，能不能试着说给他们听听呢？"在老师的鼓励下，孩子们显得很激动，纷纷把自己编的故事讲给同桌听。接着趁热打铁："我们举办一个故事创编大赛吧，把你的故事写在你的图画旁边，看谁的图画作文最吸引人！"孩子们跃跃欲试，丝毫没有觉得这是一个负担，很快就完成了自己的作品。

有的孩子的作品做到了图文并茂，无论是图画还是作文都十分精彩。有的孩子因为作文刚刚起步，虽然不是十分流畅，但情节却很有趣，画面也活泼可爱、趣味横生。孩子们在尝到了图画作文的乐趣之后，写作的兴趣也浓厚了不少。

每个孩子都喜欢画画，激发和培养孩子的写作潜能，从孩子感兴趣的画画开始，可以事半功倍。鼓励学生画画，然后再看图说话，最后对照绘画写出心中所想，习作就顺畅多了。

3.作后修改，"评"出自信。

课程标准指出："重视引导学生在自我修改和相互修改中提高写作能力。""愿意将自己的习作读给别人听，与他人分享习作的快乐。"修改习作不仅仅是教师一个人的任务，还要将这个任务适时地交给学生。

（1）开放评价方式，为作者搭建"读者群"。

通常指导学生修改文章一般分为这几步：一是自己修改。自己修改重点是对文章进行检查，改正错别字，修改不通顺的地方。二是家长点评。将自己修改好的习作读给家长听，请家长在聆听的过程进行点评，可以是欣赏，也可以是质疑和帮助。三是学生互评互改。学生写好作文并检查自改后，以四人小组的形式在小组内进行评讲，把自己的文章读给别人听，请别人提出修改意见，取长补短，这样既能使学生从相互修改作文中有所收获，又能培养学生思维的独立和创造性。四是教师点拨。在评价学生习作的时候，本着以学生终身发展的眼光，来看待学生，不批评打击任何一个学生，而是努力发现每一个孩子在习作活动中的优点，一个好词、一个句子、一段话或者一个精妙的题目、精巧的结构，笔者都会加以表扬和赞赏，让孩子产生对教师的信赖和亲近，使他们打开自己内心世界的大门，让内心的真情实感流露出来，点燃对习作的兴趣。在写评语的时候，不再是从前常说的"条理清晰，语言生动"，而是通过使用与学生对话式的亲切语言给学生点评，让学生觉得习作不再是一件枯燥的事，他们会在对点评的期待中愉快地参与到下一次的习作。

（2）分层定制标准，为学生找寻"生长点"。

在班级的习作过程中，作文写得出彩的往往就是那几个学生，但如果长此以往按照同一个标准以"优良中差"给予学生以评判，那么一些中下等的孩子势必会对写作失去信心。因此教师在评价批改学生的作文时，既要面向全体学生，注重学生作文整体水平的不断提高，又要注重因人而异，针对不同程度的学生提出不同的要求。有的学生作文必须"求精"，而对另一些学生的作文能够做到写清事件，文通句顺就行了，不能"一刀切"。这样分层而评的策略，可以增强各个层次学生的习作自信心，让他们每人都体验到成功的喜悦，循序渐进地提高学生的习作自信和习作能力。

4.丰富活动，"做"出自信。

兴趣是作文的内在动力，是一种长效的兴奋剂。只有激发学生的写作成就感，增加学生写作的自信心才能让学生主动积极地对待每次习作。为了让更多的学生体验作文成功的喜悦，增强写作的自信心，就必须为学生搭建起更大的展示才华的舞台。

循环日记是我们常用的一种课后习作方式。日记在表达上随心随意，亲切自然，能让学生感受到表达的快乐。学生分成几个写作小组，每个星期轮到一次。为了写日记，学生自觉地关注起身边的事物来。而教师的点评也比平时的习作来得更加轻松风趣，学生在写循环日记的过程中既喜欢读同伴的日记，又喜欢上了老师的点评，甚至还和老师进行了互动，从而更加主动地参与到日记中来。每个星期，小组还进行PK，算算哪一小组的积分最多，也奠定了下一星期写作的情感基础。

我们还将自己阅读一本书的感悟和积累做成手抄报，让学生通过多样的形式提高自己的表达能力。

除此之外，我们还把孩子们的优秀习作张贴在墙报上，还让学生将自己的优秀习作上传到学校的网站，供孩子们学习和欣赏，用不同的方式提高他们的习作自信。

培养学生的写作自信，让学生感受到语言的美和表达的快乐是一项长期的工程，是我们每个语文教师面临的重要课题。只有坚持常抓常练，持之以恒，才能切实取得成效。

二、循序渐进，走好从写话到习作的第一步

写话教学向习作教学的过渡，是一个不断实践与探索的过程。在教学中，笔者充分挖掘教材中的有效题材，挖掘生活中的真实题材，有目的、有计划地让学生模仿和训练。笔者以苏教版二三年级的课文为例，向大家展示如何做好低段写话向中段习作的过渡。

1.课内题材巧练笔。

（1）仿——众文之长。

宋代著名学者朱熹在《朱子语类·论文上》中说："古人作文作诗，多是模

081

仿前人而作之。盖学之既久，自然纯熟。"古人尚且把模仿范文作为作文起步的重要方法，那对于刚刚写作的低年级学生来说，更要扶好这根"拐杖"。我们学习的每一篇课文都各具特点，都是精心编排的结果，无疑是学生学习习作的范例。

因此，教师要善于挖掘教材的潜力，用课文的特点引路，寻找读写结合的因素，设计各种形式的片段练习，以读促写，培养学生的读写能力。笔者主要是从以下三点来结合课文特点，寻找有效模仿题材的：

1）写作顺序的模仿。写作顺序的模仿，可以让学生把句子、段落写连贯。苏教版低中段的课文中有时间、方位、事情发展、物品结构等多种顺序可供学生进行仿写。下面笔者以方位顺序为例介绍如何模仿写作顺序：

按方位顺序写段，多用于写景状物。由于观察景物的方位和角度不同，因而写作的方位顺序也就随作者的观察点不同而不同。但不管按什么顺序观察和写作，一定要符合人们平常的观察习惯和语言习惯。苏教版低年段里仅《月亮湾》是按"小河—河上—河里—河岸—农田"的方位顺序来介绍的。

在教学《月亮湾》一课时，课内笔者重点引导学生关注作者的观察顺序，课后趁热打铁，带领学生参观校园，并按照"东南西北"的顺序给学生介绍一下校园。紧接着让学生按方位顺序理清思路：我们在参观《美丽的校园》时，先写_____看，再写_____看，接着写_____看，然后写_____看。最后，再让学生按照方位顺序围绕《美丽的校园》来写话。

2）写作构段方式的模仿。构段方式有多种，但低中段主要是掌握总分的构段方式。用总起分述的方法写段，要注意开头的总起句与后面的几个分述句的配合和照应。一般的规律是：总起句里往往有一个统领全段的关键词语，而后面几个分述句的意思要围绕这个关键词语来展开写。《北大荒的秋天》和《"东方之珠"》两篇文章是总分构段方式的典型代表。教师在教学时，可以先用思维导图帮助学生理清关系。接着，教师给学生一个中心，如："百货商店的商品真多""大街上热闹极了"等，让学生"依葫芦画瓢"画出自己的思维导图。最后，让学生围绕中心，按照顺序写具体。

3）修辞手法的模仿。修辞手法的运用可以让学生把事物写具体、写真切、写生动。低年级的学生主要掌握的是比喻和拟人的修辞手法。

比喻，就是把抽象的变为具体的，把陌生的变为熟悉的，把深奥的变为浅显的。恰当地运用比喻，能使语言表达准确生动，形象鲜明。《西湖》就是巧用比喻句的典范。文章紧扣住景物的特点，多处使用比喻，描绘了一幅秀美典雅的西湖山水图。虽然比喻句多，但是却不呆板单调，因为作者用了不同的比喻词，如仿佛、宛如、犹如等，把西湖的美写得美轮美奂。

拟人，就是把要描写的"物"当作"人"来写。运用拟人的方法，可以使抽象的事物具体化，使没有生命的东西"活"起来，增强语言的形象性、生动性和感染力。课文《北大荒的秋天》描写"原野热闹非凡"这一段中多处运用拟人的手法，以"哗啦啦的笑声"和"乐呵呵地演唱"写出了大豆和高粱丰收在望的喜人景象。《石榴》运用拟人的手法，把熟透的石榴当成娃娃来写，生动形象地表现出石榴果实惹人喜爱的样子。

这些课文都是学生仿写的好素材，但是这些内容却又是零散的，需要教师整合这些内容，为此笔者专门设计了一个专题，即怎么把事物写具体。先把学生熟悉又典型的段落呈现出来，通过观察比较，体会比喻和修辞的好处。再结合这学期习作4的要求，指导学生运用修辞方法来写秋天。学生在描写秋天的果园时，能够这样写："苹果扬起了他们通红的脸庞，石榴笑破了肚皮……柚子仿佛一个个黄色的大秤砣……"可以看出，以熟悉的文本引路，读写结合，学生能更好地运用比喻和拟人把事物写具体。

当然，以教材为范本，学生可以模仿的内容很多。除了顺序、构段方式和修辞外，文本中的对话方式和课文中的动作词也是学生模仿的好题材。《学会查"无字词典"》中的对话描写很有特点，提示语位置的三种情况聚在了一起，无疑是模仿对话最好的例子。如《哪吒闹海》中在描写哪吒打死夜叉时就用上了一系列的动词如"闪""躲""取""扔"等营造激烈的战斗场面。

（2）补——得"意"得"言"。

文章的"空白"就是留给读者想象的空间，尤其是低年级儿童诗往往短小精悍，因而藏着许多意犹未尽的"空白"。而且低年级诗歌一般都篇幅短小，通俗易懂，构段方式大抵相同，因而学生容易模仿。教师应该在熟知诗歌特点的基础上，从"意"和"言"这两方面来指导学生仿写。"意"指的是诗的内容的补充，"言"是指语言表达的形式。

1）内容的模仿。在教学《送给盲婆婆的蝈蝈》时，教师先引导学生想象"蝈蝈美妙动听的歌声，还能把盲婆婆领进哪里呢？"接着，鼓励学生学做小诗人，把你们所想的用笔写下来："歌声会领您走进＿＿＿＿＿，＿＿＿＿＿。"

"歌声会领您走进果园，闻到果子诱人的香味。""歌声会领您走进花园，看到五颜六色的花儿。""歌声会领您走进树林，听到清脆的鸟鸣。"……学生一句句优美的句子，不仅是对课文内容的补充和情感的升华，而且也锻炼了学生的想象力和写作能力。

2）语言形式的模仿。《水乡歌》的作者运用"千……万……"、叠词、重复等多种方法来写水乡的水多、船多、歌多。教师在教学中要逐步让学生认识写"多"的方法，接着用图片、视频启发学生联系生活，展开想象"水乡还有什么多？"最后，让学生用上写"多"之法，学做小诗人：水乡什么多？_____多。千_____，万_____，_____，_____。

（3）续——情节之变。

中年级的续写题材主要来自有趣的故事，如《狼和小羊》《会走路的树》《小动物过冬》等。这些情节生动、人物形象深刻的故事语言活泼有趣。教师在课内启发学生对课文所提供的线索、情节、环境、人物性格以及作者的思路等展开合理的想象，然后让学生续写完成一个片段。这类训练，可以锻炼学生的想象能力和语言表达能力。

《狼和小羊》这篇课文末尾的省略号，表示故事还没有结束。教师在教学时，就要抓住省略号，引导学生想象"狼扑向小羊时，小羊心甘情愿让它吃吗？结果怎样，你能不能接着往下说一说，并和你的同桌分享一下？说完后，再试着写下来。"

学生在续写前，教师还要指导学生续写的方法：续写的开头处应该承接原来课文的结尾处。中间部分：要写清事情发生的时间、地点、人物，以及事情发生的原因。把每个人物的语言、心理活动描写准确到位，人物之间的对话要丰富而且有条理。在《狼和小羊》中，重点是要写出小羊的机敏和大灰狼的狡猾。故事的情节设计要跌宕起伏，能够吸引读者，结尾处给故事设计一个最终的结果。

2.有效关键词法。

关键词法是一种新型的作文命题方式，它本质上是一种连词成句成段的训练。词句是文章的"砖瓦"，只有积极引导学生在日常训练中"添砖加瓦"，才能提高学生遣词造句、连句成段的能力。教师应该安排"每日一段"的训练，提供给学生三到五个相关联的词语，让学生连词成段。

提供什么样的关键词，才适合学生的水平，才能起到事半功倍的效果呢？一方面，这些词语应该从近段时间学生需要掌握的字词着手。另一方面，这组词语具有一定的关联，利于展开学生想象。笔者从学生熟知的课文、生字词中选材。选材具体来源于三个方面：一是来自《识字》韵文的词串；二是每一课的课后习题"读一读，再抄写"中的词语；三是从已学过的重点词语中挑选相关联的词语。这样选题，既贴近学生生活，又接近学生字词积累的水平；既让学生把生字词的掌握运用到实处，又锻炼学生的想象力和语言组织能力。

（1）韵文中的词串。

苏教版语文低年级安排了三十二次《识字》内容，这些识字中每一行的词串是相互关联的，连起来就是一个完整的画面。教师在教学时要指导学生边读边想象，然后和同桌一起交流，把这些画面说出来。最后，让学生任选一行词串进行写话。以苏教版二年级下册《识字2》为例：

《识字2》全文围绕桂林山水出示了四组词串。第一组"碧水 秀峰 倒影"三个词语从三个角度总体概括了桂林山水的特点。接下来的三组词语又分别从民俗风情、桂林的山、桂林的水三个方面具体描述。整篇课文情与景交融、形与影辉映，一个词就是一幅画，一个词就能让学生浮想联翩，一个词就让学生陶醉其中！这么好的题材，既益于学生想象，又高度相关，简直就是专门为写话而定制的！

（2）课后习题中的词语。

苏教版教材课后习题形式较单一，诵读类和抄写类的练习题出现的频率最高，缺少一些语言表达训练和读写结合的训练。而笔者就以苏教版课后习题三"读一读，再抄写"为母版，迁移运用，设计成读写结合的题目。例如：

在学习了三年级上册《学会查"无字词典"》后，笔者让孩子们从后面"读一读，再抄写"的词语中至少选3个连成一段话。学生马上写道："'惊涛拍岸'这个词语的意思就是海面上的波涛不断涌来，撞击在岸边的岩石上发出了山崩地裂的声音。"从学生的写话中，不难看出学生既学会了写这些词，更学会了运用这些词。

（3）自选关联词语。

而在孩子们熟悉了连词成句后，难度就可以适当增大，教师可以自选一些相关词语来引导学生想象写作。这些词语可能是描写的一个活动场面，也可能写的是某个季节的特点，又或者是一组动词等。例如，在学习了三年级下册第三单元的课文后，笔者让孩子们从"张望、飘飘悠悠、不知不觉、万紫千红、心旷神怡"中至少选择三个词语写一段话。这样的设计为学生的自主写作提供有利条件和广阔空间，减少对学生写作的束缚，鼓励学生自由表达和有创意的表达，鼓励写想象中的事物。

关键词法虽好，但天天练难免枯燥乏味。因此，笔者给关键词法穿了件有趣的衣裳——游戏规则。首先让学生至少要选择3个词语，写成一段话，不少于50字；其次，如果有学生选择4个词语，则多加一颗"☆"，依次类推来加"☆"；

最后，把"☆"换成相应的分数，兑换奖品。

3.体验缤纷生活，丰富写作素材。

课标建议写作教学应贴近学生实际，让学生易于动笔，乐于表达。因此教师要引导学生走进生活，走进大自然，因为生活就是写作的源泉。

首先，教师巧设语文实践活动，如利用班队活动、大课间、义卖、运动会、校园影视等活动，当场指导学生观察，活动后积极组织学生交流讨论。

有教师曾开展一次《10岁生日，有我有他》的中队活动，活动中不少学生在阅读父母的一封信时感动落泪，会后教师让学生紧扣感恩主题，给父母写一封信。

孩子在信中所写的内容不仅让教师深为感动，一个个10岁左右的孩子从心里发出了这世上最质朴最美妙最动人的声音，也足以让每位母亲感动得落泪。孩子们明白了父母的爱，有些孩子决心要刻苦勤奋学习，长大后报答妈妈。这样的写作不仅仅是对"写信"这种形式的训练，更是心与心的交流。

其次，教师要鼓励学生在课外多做家务活，自己的事情自己做，多做手工制作等。学生只有自己亲身经历后，才能在脑子里概括出过程，在心里生出感悟。这样学生才能写出《洗碗》《第一次洗衣服》等反映学生真实生活的表达自己真心实意的好文章。

最后，教师要引导学生观察生活，鼓励学生多种植物、养动物。让孩子们每天照顾它们，观察它们，并做好观察记录。这样不但可以培养孩子留心观察生活的好习惯，而且观察的经验可以让他们的文章更加具体、细致。

总之，在写话到习作的过程中，我们既要品味文本的精华，还要采集生活的真善美，只有这样我们的习作才能孕育迷人的生命之花。

三、让观察提升中年级学生的习作素养

人们常说"文如其人"，古人也说"敏而好学，不耻下问，是谓文也。"从古代的科举考试，到现在的中考高考，作文都是语文学科占分比重最大的一道题，有时甚至是"一篇文章定终身"。随着课标的推行，作文也越来越受到重视，渐渐成为语文综合素养的体现。可是在现行的作文教学中，大多数教师注重研究作文的结构，教给学生每种作文题材的基本流程，甚至为了应付考试让学生整篇背诵，或者让学生把作文"改头换尾"，同一篇作文运用到不同的题材中，而忽略了学生对作文的基本需求。所以我们往往花费了很多时间、精力，却仍感到学生无话可说，无事可写，冥思苦想半天也无从下笔，实在逼紧了，就胡编乱造完成

任务。此时学生的作文活动已经不是出于一种表达的需要，而是为文而文，不少学生为了编造作文，仿、抄、改。批阅学生的作文就会发现有的内容空洞，不具体，缺乏真情实感；有的苍白枯燥，索然无味；有的词不达意，语句不通，全篇杂乱无章，错别字连篇。造成这一系列问题的主要原因是什么呢？结合平常的作文教学以及与学生的交流沟通，笔者认为造成学生作文困难的原因主要有以下四个方面：

第一，训练标准没落实。课程标准规定了三个学段，都要注重学生对事物的观察和想象，但是在平常的作文训练中，我们并没有认真领会把握标准，总是拔苗助长，导致习作引导方法不恰当，对学生期望过高，学生勉强应付，完成的习作质量也就可想而知了。

第二，习作氛围少营造。在平时的语文教学活动中，我们会有意识地为学生提供说话、想象的机会，但是进行段落式的习作训练很少，写话训练多数每两个礼拜才安排一次。而其他学科的老师呢，在教学中总觉得不是语文课，就淡化了对学生的字词句的训练，对出现在学科中的错别字、病句等不深究，错多了，就抱怨学生的书写能力、阅读分析能力差，这些都导致学生说话、写话、习作整体氛围不浓，无话可写，无事可述。

第三，指导阅读不到位。在作文教学中，我们注重训练学生的写作方法和技巧，忽略了对学生的阅读、积累、观察等方面方法的指导。"巧妇难为无米之炊"，很多学生不知道怎么去阅读，读哪些句段，抓哪些词句，在哪里停顿……即使安排了学生积累，也是学生随心所欲地摘抄一点所谓的好词好句，可这些好词好句学生有的根本不知道好在什么地方。也没有教给学生按什么样的顺序去观察，观察什么，观察重点在哪里等。

第四，评价方式单一化。我们习惯性整体上对学生完成的作文进行批语式评价，或者是概括性的评语：细节在哪儿？主题不突出，没有表现出情感，详略不当，错别字太多……这些评语没有对每一位学生的作品进行精当、恰如其分的评价，对学生材料准备、写作过程缺乏评价，不能够吸引学生关注自己的作文，反思自己的作文，导致学生对老师的评价无所谓，不能引起学生的共鸣。久而久之，学生也就对作文缺乏兴趣了。

基于以上种种原因，我觉得要提高学生的作文水平，就要从最基本的观察做起，指导学生观察的基本方法，注重学生的联想体验，使得学生作文真正有话可说。

1.开展训练，培养学生观察意识。

观察是作文素材的源泉，没有观察可以说没有作文的一切。观察的手段和途径很多，如用眼睛看，用鼻子闻，用耳朵听，用手触摸，用舌头尝等。我们要调动学生的所有感官去观察，培养学生的观察意识。当写作时，通过回忆观察，通过笔用语言表达出来，其实就是观察意识在指导着你完成写作。观察意识如何而来，就要在观察训练上下功夫。

（1）先让学生进行静态的小物体的观察。

比如训练学生观察直尺。先明确观察的手段，然后让学生用这些方法观察直尺，再把观察到的结果记录下来。第一次观察用了20分钟，观察记录如下：

我有一把直尺，它长长的身子，上面刻着"0～20"这些数字。它是用塑料做成的，摸起来很光滑。

第二次观察让学生边观察边记录，要求比原来看得更细致，关注更细小的地方，以及有变化的地方，让学生学会对比观察，在相似中寻找不同点。通过更细致的观察，学生修改了刚刚的习作：

我有一把看起来比较陈旧的直尺。它长长的身子，是透明的。上面刻着"0～20"这些数字，摸起来毛毛的，像摸着按摩器一样。直尺的最中间还有一个凹下去的小洞，那是用来给我们画小圆圈的。它是用塑料制成的，摸起来很光滑，但是很脆，轻轻一掰，似乎马上要断裂了。

然后用同样的方法让学生对笔、对课桌进行观察。在反复观察的过程中，学生慢慢了解了简单静态物体的写法。

（2）接着可以让学生观察比较复杂一点的静态物体。

例如小盆景。扩大学生观察的范围，引导学生从专一的观察过渡到多角度多时间多层次的观察上，强调自由观察，细节观察，也是先观察5分钟，再动笔记录，然后围绕"用什么方法和途径发现了什么？"这个问题来交流记录结果中最有价值的部分。在反复的观察和交流中，学生对小盆景的描写也越来越成熟。

这是一个学生观察三次"发财树"后的描写：

第一次：发财树的树干是褐色的，摸起来毛毛的。它的叶子绿绿的，摸一摸滑溜溜的。

第二次：发财树的树干是褐色的，摸起来凹凸不平，毛毛的。从下往上看，树干是由粗到细的，闻一闻还有一股味道。它的叶子绿绿的，四五片叶片是组合在一起生长的。远远看去，就像一把太阳伞。

第三次：发财树的树干是褐色的，摸起来凹凸不平，像摸到了爷爷粗糙的大手。从下往上看，树干由粗到细，颜色由浅到深，看起来很有层次感。闻一闻还有一股树皮的清香，仿佛把我带到了充满新鲜空气的树林里。它的叶子很特别，四五片树叶组合在一起，犹如一个绿色的大巴掌。细细一看，每一片叶子上都有一条条整齐的筋脉，摸上去滑溜溜的，好像一不小心就会从你的手掌心溜走。远远看去，整个发财树就像一把太阳伞，把阳光遮挡得严严实实的，看起来生气勃勃。

不管是简单的还是复杂的静态观察，我们都要遵循这几个原则：观察对象宜小不宜大，观察时间宜短不宜长，观察记录宜细不宜简，观察指导宜暗不宜明。

（3）最后对学生进行动态观察训练。

顾名思义，动态观察就是对动作进行观察。指导的时候，要注意引导学生对微小动作的观察，学会将一个大动作分解成若干个小动作。

比如洗碗。先让学生说说洗碗的过程，然后提炼出洗碗的动作："叠碗—浸—涂抹洗洁精—擦碗—冲水"。其中"擦碗"这一个动作让学生继续仔细观察，分解成一些小动作："擦碗的边缘—擦碗的里面—擦碗的下面—上下查看—没擦到的地方再擦一擦"。经过课堂上这样的观察训练，让学生回家自己试着洗一次碗，然后写下来。最后，学生完成的洗碗习作已经像模像样了：

我把脏碗叠在了一起，小心翼翼地放进了水槽里。我打开水龙头，先挨个把脏碗冲一遍，然后在水中滴上五、六滴洗洁精，把碗浸泡在水中。过了一会儿，我就开始洗碗了。我一手拿着抹布，一手拿着碗，先擦碗的外面，再擦碗的里面。哎呀，不好，碗里的污垢太黏糊了，它牢牢地粘在碗底，好像在嘲笑我：看你怎么办？这下擦不掉了吧！我眼睛一瞪，这点小事还难得到我吗？我眼珠一转，想到了钢丝球大哥。我拿起钢丝球，用力地刷了起来。不一会儿，碗底的污垢就无影无踪了。哈哈，钢丝球大哥出马，马到成功呀。接着我用干净的水把碗冲得干干净净，现在碗就像与玉一样闪闪发亮，好像在感谢我辛勤的工作呢！

就这样，将静态观察和动态观察交替结合训练，让学生在不断训练中培养观察意识。有了观察意识，作文中的详略关系自然不需要再强调了，文章中的细节描写学生也能刻画到了，习作自然而然就能表达了。

2.创设情境，激发学生观察兴趣。

兴趣是最好的老师。课程标准强调对学生写作兴趣的培养，要求中年级学生乐于书面表达，观察周围世界，把自己觉得新奇有趣或印象深刻、最受感动的内容写清楚。如何让学生对人物有"新奇有趣、印象深刻"的观察体验呢？首先要使学生愿意观察人物，乐于观察人物。而营造轻松的交流氛围，创设真实的交际情境，是激发学生观察兴趣的有效途径。

"找人"在生活中是十分常见的情境。要找到目标人物，首先要把握住目标人物的关键特征。通过真实的语言交际情境，以师生互动游戏的方式，提示学生观察和描述人物的五官特点、服饰不同和身高差异等外貌特征，充分调动学生观察人物的主动性和参与课堂的积极性。

"世界上没有两片完全相同的叶子。"学生在日常生活中会认识形形色色的人，每个人都有自己的特点。而学生由于缺少观察人物的习惯，难以把握人物与人物之间的差别，写人时也容易把人物的特点概括化。创设真实的言语交际情境，就是将社会生活融入作文课堂，让课堂与生活紧密结合到一起。教师发掘学生生活中的言语交际情境，重新整合带入课堂，一方面激发学生对人物观察的兴趣，另一方面引导学生养成在日常生活中留心观察人物的好习惯。

3.鼓励思考，转换学生观察视角。

学生在观察过程中常常会从单一的角度简单笼统地概括人物的特点，作文三两句话就写完了。其实，这是缺乏对人物的全面观察导致的。对人物直接观察可以从外貌、语言、行动、神态等诸多方面入手，揣摩由此体现出的人物性格、情感、心理活动等特质。此外，通过对人物所处环境、周围人的神态等方面的观察，可以丰富观察人物的视角，从而更加全面地观察人物的特征。

在观察的过程中要多问几个怎么样，只有这样才能把人物的方方面面观察得更加全面。多角度的观察拓展了学生的思维，让学生学会观察人物时应注意到内容，让学生积累了丰富的写作素材，动笔描绘人物时自然有话可写。

4.抓住细节，引领学生观察重点。

在实际操作中，学生会发现人物很多特点，如果泛泛而谈，则会使整篇文章过于零散，东一榔头西一棒子。因此，要把握住人物特征中更加突出的区别于他人与众不同的特征，围绕这些特征，使观察的过程更加有针对性。有时候，与人物某一特征相关的内容也很多，如果巨细靡遗地表述，会让整篇文章缺乏重点。因此，教师除了要引导学生进行观察以外，还应启发学生抓住体现人物某一特征的关键细节，对观察的相关内容进行梳理，突显人物的显著特征。

浓厚的观察兴趣，良好的观察习惯，对人物全方位多角度的观察，抓住观察中人物的关键细节和显著特征，方能使人物真正跃然纸上。

5.展开联想，提升学生观察思维。

联想就是表达作文写作意图的部分，它使得读者更能明白作者的态度。联想的内容包括很多，可以想到一个人、一件事、一个物体、一句话、一首诗等。有些老师常常在作文中强调学生要多用修辞手法、成语、名言警句等，这些都属于联想的范畴。学会了联想，学生的作文思路就会越来越宽，就能解决作文教学中学生常常无话可说的问题。

怎么样进行联想训练呢？其实在观察训练中我们已经不知不觉在渗透了。比如《发财树》：

发财树的树干是褐色的，摸起来凹凸不平的，(像摸到了爷爷粗糙的大手)从下往上看，树干由粗到细，颜色由浅到深，(看起来很有层次感)闻一闻还有一股树皮的清香，(仿佛把我带到了充满新鲜空气的树林里)它的叶子很特别，四五片树叶组合在一起，(犹如一个绿色的大巴掌)细细一看，每一片叶子上都有一条条整齐的筋脉，摸上去滑溜溜的，(好像一不小心就会从你的手掌心溜走)远远看去，(整个发财树就像一把太阳伞，把阳光遮挡得严严实实的，看起来生气勃勃)

括号中的文字都属于联想。加入了联想之后，学生的观察看起来更加丰富，更有针对性了。训练的时候，要求学生在自己观察的每一个小点之后都加入自己的想法，学生的作文自然而然就丰富起来。值得一提的是，联想前一定要有一个明确的观点，你是想表扬赞美呢，还是想批评贬低。在联想的过程中要保持统一，要学会取舍，如果一直写美就要丢掉不好的联想。该对观察的结果进行联想，而不是随便想。

观察和联想其实是分不开的，有了观察就会有联想，有了联想也可以通过观察来验证。

总之，观察和联想是学生作文的两大重要拐杖。只有认识到观察和联想的重要性，掌握了观察和联想的方法，形成观察意识、联想思维，学生才能真正叩开作文之门。

第二节　实践突围

一、课文中的习作智慧

1.让学生笔下流淌出不一样的"风景线"。

【设计说明】

在语文学习中，阅读的过程是"吸收"的过程，而写作的过程则是"倾吐"的过程。阅读过程是学生理解感悟文章的过程，写作的过程是表达自己思想感情的过程，同时也是学生思维训练的过程。由此可见，阅读对学生的写作有较大的促进作用。反过来，写作又可以帮助学生更好地阅读。一个完整的阅读教学过程，一定要读写结合，相得益彰。三年级是学生习作的起始阶段，仿写是训练学生习作、提升习作水平的重要途径之一。下面的案例赏析主要呈现的是《北大荒的秋天》第四自然段教学部分。

学生熟读《北大荒的秋天》第四自然段。

【教学时间】

一课时。

【教学过程】

（1）学习构短方式。

师：课文哪一段写了原野的景色？

生：第四自然段。

师：这段话中哪句话能概括北大荒秋天原野的特点？

生：原野热闹非凡。（出示句子：原野热闹非凡）

师："热闹非凡"是什么意思？

生：十分热闹。

师：（板书：原野 热闹非凡）这句话是本段的中心句。

师：又具体写了哪几种事物？请大家自由读读课文。

（2）学习美化语言。

师：课文又具体写了哪几种事物？

生：（集体学生齐声说）大豆、高粱、榛树。

师：请在文中用横线将这些表示事物的词语划下来。（指导学生划出词）（板书：大豆笑、高粱唱、榛树红）（课件出示句子：成片的大豆摇动着豆荚，发出了哗啦啦的笑声）（指名读）

师："听"到大豆的声音了吗？

生：我听到大豆在欢笑。

生：我听到大豆好像在说话。

师：大豆已经长出了豆荚，还发出声音，这说明豆荚已经成熟了。所以这里的人们喜欢用这样一句话来赞美秋天。

生：大豆摇铃千里金。

师：农民伯伯看到这一切心情会怎样？

生：特别喜悦。

生：心情很激动。

师：农民伯伯会说些什么呢？

生：今年丰收啦！

生：瞧，我家的大豆长得多好呀！

师：带着这样的感觉谁来读读这一句。（指名读）

生：成片的大豆摇动着豆荚，发出了哗啦啦的笑声。

师：这位农民伯伯真是开心极了！

生：成片的大豆摇动着豆荚，发出了哗啦啦的笑声。

师：看样子，又是一个丰收年。

师：你还听到了什么声音？

生：我听到高粱在唱歌。

师：看看这幅插图，（出示课件）看，挺拔的高粱，扬起了黑红黑红的脸庞，像是在乐呵呵地演唱。它们会唱些什么呢？

生：会唱快乐的歌。

生：会唱丰收的歌。

师：它们多快乐呀！谁能像它们一样乐呵呵地读读这句？

生：看，挺拔的高粱，扬起了黑红黑红的脸庞，像是在乐呵呵地演唱。

师："黑红黑红"比"黑红"颜色要深，你还发现什么东西黑红黑红的？

生：妈妈的毛衣。

生：熟透的葡萄。

生：熟透了的杨梅。

师：原野热闹吗？

生：热闹。

师：（指向第一句到第三句）读。

生：成片的大豆摇动着豆荚，发出了哗啦啦的笑声。看，挺拔的高粱，扬起了黑红黑红的脸庞，像是在乐呵呵地演唱。

师：看，作者笔下的大豆会欢笑，高粱会演唱，这是把它们当作什么来写？

生：人。

师：这种修辞手法就叫——拟人。把物当人来写了，多可爱呀！我们再一起来读读句子。

生：看，挺拔的高粱，扬起了黑红黑红的脸庞，像是在乐呵呵地演唱。

师：我们这边秋天的田野有什么丰收的景象？你能不能也把它们当作人来说几句呢？

生：一阵风吹来，金黄的稻子笑弯了腰。

生：棉花一个个咧着嘴笑，他们在说秋天真美呀！

生：玉米迫不及待地把外衣撑破，透出了一排排金黄的牙齿。

…………

师：而这时山坡上、大路边、村子口，又是怎样的景色呢？

生：（齐说）山坡上、大路边、村子口，榛树叶子全都红了，红得像一团团火，把人们的心也给燃烧起来了。

师：看到那么美的榛树，想着以前的荒原变成了良田，在这收获的季节，人们的心情怎样？

生：兴奋、激动……

师：这种高兴快乐到了极点就说心也燃烧起来了，让我们满怀激情地读读这一句。

生：山坡上、大路边、村子口，榛树叶子全都红了，红得像一团团火，把人们的心也给燃烧起来了。

师：我们来齐读第一句，然后第一组读描写大豆的句子，第二组读描写高粱的句子，第三组读描写榛树的句子。（生有感情地朗读）

师：这一段话先概括地写了什么？

生：原野的热闹非凡。

师：再从大豆、高粱、榛树具体展开写出了怎样热闹的情景。齐背一下。（学生齐背）

3.运用写作方法。

师：先概括地写原野的热闹非凡，再从大豆、高粱、榛树具体展开写出了怎样热闹，这在写法上叫先总写后分写。

师：看，这是刚才同学们的回答加工成的句子。读一下！（出示：秋天到了，原野＿＿＿＿＿。一阵风吹来，金黄的稻子笑弯了腰。玉米迫不及待地把外衣撑破，透出了一排排金黄的牙齿。棉花一个个咧着嘴笑，他们在说秋天真美呀！）

师：括号中可以用什么词来概括整段的意思呢？

生：美极了，热闹极了……

师：这就是总分的写法。我们也来试一下吧！（出示：下课了，操场上＿＿＿＿＿。有的学生＿＿＿＿，有的＿＿＿＿，还有的＿＿＿＿。）

师：操场上怎么样呢？我们可以先想想后面该怎么填。

生：有的学生打篮球，有的学生打乒乓球，还有的做猫捉老鼠的游戏。

生：有的学生跳绳，有的学生跑步，有的学生丢沙包。

…………

师：看到这样的场景，你们认为最应该用什么样的词来形容？

生：热闹、沸腾

师：完整地读一下。（齐读）

师：感觉怎样？是不是没有书中句子那么生动？

师：根据同学们的回答，老师将这一句补充了起来，不过，又多出几处来，该怎么填？（出示：下课了，操场上热闹起来了。有的学生_____地打着篮球，有的学生_____地跑着步，还有的学生_____地做着猫捉老鼠的游戏。）

生：下课了，操场上热闹起来了。有的学生（生龙活虎）地打着篮球，有的学生（步伐轻盈）地跑着步，还有的学生（津津有味）地做着猫捉老鼠的游戏。

师：这下就生动多了，齐读一下。（生读）

…………

师：我们这儿的秋天同样美丽。绿中带黄的草坪、五颜六色的菊花、火红的枫叶、飘香的果园……同学们，请以总分的构段方式，也写一段我们这儿秋天的一处景色，可以模仿书中的修辞，如比喻、拟人等。这样，你写出的文章一点儿也不会逊色。

【学生习作例文】

这是一个美丽的地方。远处的山若隐若现，近处的小河唱着哗啦啦的歌快乐地流向远方。天空蓝蓝的，白云映在水中，一朵一朵，像许多棉花糖。岸边绿油油的草地成了小动物们的快乐家园。那些红的、黄的、粉的是小花，它们都挤在河边，似乎正照镜子比美呢。各种各样的蝴蝶扇着翅膀飞来飞去，仿佛在给它们当评委。小草全都穿着绿衣服，在微风的吹拂下，摆着腰身跳着集体舞，一会儿还扬起头，跟天上的白云打招呼。

【教学反思】

《北大荒的秋天》是苏教版小学语文三年级上册第二单元的一篇讲读课文。文章描绘了北大荒秋天的自然风光和丰收景象，说明北大荒是个美丽富饶的地方，表达了作者对北大荒的热爱之情。文章共有六个自然段。先写了北大荒秋天的到来，再从天空、小河、原野三方面写出北大荒秋天景色的美丽，然后写了北大荒物产的丰富，最后作者饱含深情地赞美了北大荒的秋天。

"阅读是作文的父亲。"阅读课最终的目的得落实到说话、写话上。苏教版教材特别注重读写结合，这样会不断增加学生的语言储备和材料积累，使学生更好地学会从读中写，以利于其习作水平日有寸进，不断提高。本篇课文对于落实学生语言文字训练与运用的地方很多。特别是课文的第四自然段，先概括，后具体，构段方式清晰，是进行段式训练的重点部分和契机。教学这一段时，定会注意到读写结合，将阅读与练写有机地结合在一起，渗透仿写练习可谓正当时。

（1）读中感受，积累语用的素材。

让学生轻读第四自然段，并注意"听到了什么"，"农民伯伯看到这一切心情会怎样"等。学生纷纷回答，有的说听到了大豆摇动着豆荚，发出了哗啦啦的笑声；有的说听到了挺拔的高粱扬起了黑红黑红的脸庞，像是在乐呵呵地演唱。这既是对文段意思的诠释，也是把自己的语言与文本语言进行有效撞击形成新的语言的过程。这种语言内化的过程，是学生实践语用、进行仿写的前期过程。缺少这一过程，学生仿写就会干瘪。

（2）启发想象，体会构段特色。

"大豆为什么欢笑？高粱为什么唱歌呢？"学生发挥想象，畅所欲言。"我们这边秋天的田野有什么丰收的景象？你能不能也把它们当作人来说几句呢？"通过这样的训练，既调动了学生学习的热情，培养了想象能力，又能进一步巩固课文的内容，既而形成一段无论是从结构还是从内容都与文本极其相似的总分结构式的段落。在这样形成的过程中，学生不仅能熟练地理解和掌握总分结构的构段方式，更能体会其写作的要领。

（3）拾人牙慧，形成新的风景。

茅盾先生说过，模仿可以说是创造的第一步，模仿又是学习的最初形式。课程标准也要求我们：鼓励学生运用阅读中积累的语言材料，运用阅读中学到的表达方式，丰富自己的表达。

此时以课间操场上的片段进行训练，就是学生运用阅读中学到的表达方式，来丰富自己的表达。

教者在教学这一点时，没有急于求成。先是出示："下课了，操场上_____。有的学生_____，有的_____，还有的_____。"通过学生的填说，再次感知总分的构段方式。接着，让学生填上恰当的形容词，句子也就生动起来了。学生从中体会到遣词造句的妙处。课后再让学生用眼睛记录下他们所看到的秋天景色：绿中带黄的草坪、五颜六色的菊花、火红的枫叶、飘香的果园……有了具体的感知，学生写起来就感到有话可写了；有了具体的指导，学生对于行文的信心就会增加。

因此，让学生结合课文，模仿课文中所呈现出的诸多写法，再引导他们去多观察、多感受、多思考，就能调动起他们的写作兴趣。写作文，不再是难事。

2.学一点描写旅游景点的方法。

【设计说明】

写法为读法所依，反之，读法又为写法所用。本课的设计，目的在于让学生通过对《九寨沟》这篇课文的阅读，在欣赏自然风光和异兽珍禽段落时感知写景类段落如何写、如何读。学生通过读写的印证实践，充分感知写景文章的一般规律，就是先写哪些景物，再细致写出这些景物的特点。掌握了这一规律后，学生就可以尝试描写一处风景，先选好这处风景中的几种景物，再抓住这些景物的特点展开写，从而达到"读为写"服务的阅读教学目的。

【教学准备】

复习之前学过的描写景物的课文；搜集描写景点的文章。

【教学时间】

一课时。

【教学过程】

（1）回忆写法。

师：我们刚刚学习过的课文《九寨沟》写了什么？

生：自然风光和异兽珍禽。

师：写哪些景物，又是如何写出这些景物的特点？

师：快速朗读第三段。我们还是先从整体上看看作者写了九寨沟的哪些美景？用横线画出来。

生：雪峰、湖泊、森林、瀑布。

师：你们真了不起，一读就明白作者写了四种美景，那么作者是如何写这四个美景的呢？这四种美景给你留下什么印象呢？再读一读，研究研究。看看哪一个词最能体现？（学生自由读课文，做批注）

生：雪峰给我的印象最高，文中的"直插云霄"最能说明。

师：通过你的朗读，让我们感受雪峰的直插云霄。

生：湖泊很多，而且形状还不一样。

师：书中的哪个词语能说明？

生：大大小小。

师：你再读读描写湖泊的语句。

生：森林到处都是，遍布山坡。

生：瀑布很壮观，书中有很多词语都说明了，比如：蔚为壮观、高低不平、白练腾空等。（板书：直插云霄　大大小小　遍布山坡　蔚为壮观）

师：学到这里，你们明白如何写一段写景的短文吗？

生：先看写哪些景物，再看看抓住什么特点来写的。（板书：景物、特点）

师：按照学习第三段的方法，读一读第四段，看是不是读得清楚明白。然后我们来交流作者是怎么写出来的。

生：作者在写金丝猴时，主要抓住了金丝猴"体态粗壮"这个特点来写的。

师：原来作者无论是写景物，还是写动物，最重要的一个方法就是——

生：抓住它们的特点。

师：刚才我们读了三、四段，都用先找景物再找景物特点的方法，那么作者在写这两段时有什么不同之处吗？

生：作者在写九寨沟的自然风光用了静态描写。

生：而第四自然段中，写动物的方法用了动态描写。

师：这样的方法就叫动静结合。

师：作者写这篇文章是按什么顺序来写的？

生：游览顺序。

师：原来读写景的段落还是有窍门的，先整体想一想，看看要写哪些景物？再想一想，看看要写的这些景物有哪些特点？当然根据景物的特点也可以写眼前看到的，也可以写心里想到的，可以按游览顺序，也可以用关联词来连接，方法多样。

（2）熟悉写法。

师：其实，在我们的学习中，经常能遇到类似于《九寨沟》的文章。课前让大家在自己的阅读经历中搜寻一些这样的例子。你能说说你在阅读哪些文章中发现了作者抓景物特点写景的方法？

生：我发现三年级学的课文《西湖》，作者紧紧扣住景物的特点，为我们描绘了一幅秀美典雅的西湖山水图。

生：还有《北大荒的秋天》《拉萨的天空》和刚刚学过的《泉城》这一课。

师：让我们先来品味一下《西湖》这篇课文中的几个重要片段。（出示《西湖》片段：站在柳丝轻拂的西湖边放眼远眺……会觉得天上人间全都溶化在月色里了）

师：作者都写了西湖的什么呢？

生：写了西湖周围的山。

师：能用文中的词语说说西湖周围群山的特点吗？

生：层层叠叠、连绵起伏、绿青浓淡。

师：有山就应该有水，谁来说说西湖的水。

生：湖水是平静的，犹如一面硕大的银镜，在阳光下还一闪一闪的。

师：作者一开始先整体写了西湖周围的山和西湖的水，有没有具体地写写西湖中的小景点呢？

生：有。分别写孤山、苏堤、小瀛洲、湖心亭和阮公墩。

生：还写了月光下的西湖美景。

师：原来，不管是谁写景，都是先选景点再选景点中的景物，写景物时再抓住其特点，按一定顺序写的。其实，风景区的导游在介绍某一处景物时，也要说出每一个景观的特色，让旅游者把握游览对象的独特风韵，做到身临其境。

（3）运用写法。

师：我们家乡这一带有很多风景名胜，如金牛湖、高邮湖、釜山公园等，你能模仿课文第三段或者第四段的方法写一写吗？

生：能。

师：如果让我们来写一写金牛湖，怎样写呢？

生：看看有哪些景点。

生：可以写湖。

师：对，金牛湖嘛，肯定要写湖，有什么特点？

生：湖天一色。

师：你很会用词，而且抓住了湖很大的特点。

生：湖水清，波光粼粼。

生：湖上有许多小船，游客边划边欣赏风景。

师：是呀，有景的地方就有人。

生：还可以写山。

师：又怎么来写呢？

生：远处的山有的像飞鸟。

生：有的像绵羊。

生：更像一头牛！

师：怪不得叫金牛湖。

生：知道为啥像牛吗？这里还有个传说呢！

师：（惊讶状）这你都知道，能跟我们说一说吗？

生：不是很清楚，听大人说的。

师：要想把传说写进去，怎么办？

生：可以在网上查资料。

师：聪明，有了传说，能给景点带来神秘感。

生：可写生态园。

师：都有什么？

生：孔雀。

生：各种小鸟。

师：你最想写什么？

生：孔雀，因为大部分是孔雀。

师：孔雀是什么样子的？

生：孔雀开屏的样子很美丽。

生：猴山的猴子可真多。

生：有的猴子爬上树，在树上来个"倒挂金钩"，再做个"金鸡独立"。

生：瞧那只猴子，当饲养员扔给它一根香蕉时，它以迅雷不及掩耳之势接住了，再扒去了皮，塞到嘴里美美地享用着。

师：这是细节描写，写出了猴子的特点。

生：这时候，猴妈妈背上的小猴子可不干了，吵着也要吃，可猴妈妈没听它的话，结果小猴子从妈妈背上跳了下来，趴在地上哭喊着，赖着死活不起来。猴妈妈知道小猴子在撒娇，便假装没看见，这样的场景让游客们开怀大笑！

师：丰富的想象力。

师：写文章之前，一定要先仔细地思考，想想自己可以写哪些内容，有哪些特点，这就是构思。还有不同的想法吗？

生：我觉得，有好多景物都可以写写，只是在写的过程中应注意详略的安排。比如，可重点写湖和山。

生：小动物就可以详写猴子。

师：这样的想法也很好，素材也很多，如果自己舍不得删减的话，就可以采用有详有略的方法，突出重点。当然，在动笔之前还应该弄明白一点，就是这些素材怎么来排序。顺序排好了，文章的整个内容自然而然就有顺序了，也就有条理了。

生：可以按游览的顺序写。

师：你看，通过我们大家的努力已经明白怎样去写金牛湖的美景。现在就请同学们描写一处风景，先选好这处风景中的几种景物，再抓住这些景物的特点展开写。

【学生习作例文】

游金牛湖记

五一劳动节，阳光明媚，正是旅游的好时机，我们一家决定去游览金牛湖。

听爸爸说："金牛湖位于南京六合东北部，东临扬州，北接天长，素有南京'西湖'之美称。"早在五一劳动节前，爸妈一谈起它，就赞不绝口，因此，一路上我心里痒痒的，很想早点揭开它的"面纱"，一睹芳容。

我们乘车来到金牛湖，首先去了生态园。生态园大部分是孔雀的"地盘"，也有天鹅。我最喜欢那只浑身长着雪白羽毛的孔雀，它像一位穿着白纱的公主，迈着轻盈的步伐来回走动，我送它一个雅号，叫作"骄傲的小公主"。

接着，我们去了猴山，猴山的猴子可真多啊！个个精神抖擞，透着一股机灵劲儿，有的猴子爬上树，在树上来个"倒挂金钩"，再做个"金鸡独立"。有的猴子直嚷着向游客们要吃的。瞧那只母猴子，当饲养员扔给它一根香蕉时，它以迅雷不及掩耳之势接住了，再扒去了皮，塞到嘴里美美地享用着。这时候，猴妈妈背上的小猴子可不干了，吵着也要吃，猴妈妈没听它的，结果小猴子从妈妈背上跳了下来，趴在地上哭喊着，赖着死活不起来。猴妈妈知道小猴子在撒娇，便假装没看见，这样的场景让游客们开怀大笑！

最后，我们来到湖边，看远处湖天一色，让人心旷神怡。"好美，真是神湖！"我感叹道。爸爸忙说："还有更神奇的呢，你看远处的山，像什么？"我举目远眺，只见那山峦起伏，有的像飞鸟，有的像绵羊，有的……但是"更像一头牛！"我不禁脱口而出！爸爸笑了："是啊，知道为啥叫牛吗？这里还有个传说呢！相传明朝的开国皇帝朱元璋少年时曾在此为舅父——徐百牛放牛。儿时的朱元璋顽皮胆大。一天，和别的放牛娃一起偷杀了舅父一条牛，然后就将牛头放在山的西边，牛尾放在山的东边。晚上回家朱元璋告诉舅父说有一头牛赖在山上赶不回来，朱元璋舅父站在村头一唤，果然山上有牛声回应。从此，该山以金牛得名。"

啊！金牛湖，你让我饱览了你那纯洁无瑕的芳容，亲身感受到了你那宽广坦荡的胸怀，更让我懂得：坦荡就是一种美，做人也要坦荡！

【教学反思】

教材中的一篇篇课文就像一座座宝库，它们都在向学生说明着该怎样写作。因此，除了课文的语言特色值得分析、把握、模仿外，揣摩课文的布局谋篇，领会作者是如何把景物写具体的，然后进行仿写训练，也能充分发挥课文的范例作用。《九寨沟》这篇课文很美，但是我们不应该仅仅停留在内容的理解和感受上，我们不要只是想教给学生课文写的是什么，而是教给学生课文是怎么将这样美的景观写出来的。这才是我们教学的目的。在本次的教学中，笔者紧紧把握这一点展开教学。《九寨沟》的三、四自然段以生动笔触，向读者展示了奇丽原始的自然风光和顽皮可爱的珍禽异兽。细读三、四自然段，发现它们在读法、写法上有很多共通之处。

本文第三自然段写了九寨沟原始的风光，分别写了"雪峰、湖泊、森林、瀑布"四个景观。每一个景观都有鲜明的特点，即雪峰插入云霄，湖泊大大小小，森林遍布山坡，瀑布蔚为壮观。四个景观虽然是"移步换景"般次第介绍，实则是九寨沟交替"换景"牵引着游览者不断"移步"，突显九寨沟奇丽风光的强势和抢眼。重点指导学生在品读过程中体会写景的方法。

第四自然段异曲同工，分别介绍了"体态粗壮的金丝猴、善于奔跑的羚羊、憨态可掬的大熊猫和行动敏捷的小熊猫"。游客稀少与珍禽出没的强烈对比，彰显动物的珍惜和可爱，四个"也许"关联词的随机切换，使得这些动物们更加灵动、可爱。第四自然段主要采用迁移讲读第三自然段的方法，在读中体会动物的特点。

三、四自然段虽然有些差异，但他们整体风格是相似甚至是相同的，即都是写了几个景物，并且都清楚交代几个景物的特点，这就为有效读书提供策略上支持。以第三自然段为例，读时关注各个景物的特点并读出个体感悟，然后把这种读书方法迁移到第四段，可达事半功倍之效。

3.在阅读教学中习得写人的方法。

【设计说明】

作为语文教师不应该回避对习作方法的指导与传授。本课的设计，意在通过对《黄河的主人》一文的学习，让学生在理解课文内容的基础上习得文章的一般谋篇布局和写人的基本方法。具体按照"整体构思—景物人情，由大到小""段落表达—前后联系，对比衬托""语言运用—四字词语，对称组合"三步层层递进，从而实现教学目标。在教学中，教师注重结合教材，充分调动学生已有的知识，并积极利用相关教学资源，让学生在具体分析、运用实践的过程中，准确把握文本，习得方法。

【教学准备】

课件、学生课前找相关写法的文章。

【教学时间】

一课时。

【教学过程】

（1）导入新课。

师：我们继续学习《黄河的主人》，让我们一起来板书课题。（板书课题：黄河的主人）

师：请读课题。通过前面对课文的学习，你认为此刻应该怎么读课题？

生：很自豪地读。

师：带着你的理解再来读一下课题。（生齐读课题）

（2）习得方法。

1）整体构思：景物人情，由大到小。

师：读这样的课题，你们想想本篇是写什么的文章？

生：写人。

师：这个人叫什么？

生：艄公。

师：（板书：艄公）一般情况下，写人的文章，我们一上来就会怎么写？

生：介绍外貌。

师：那么，这篇课文是不是这样写的呢？

生：不是。

师：那是怎么写的？请大家默读课文，看看作者先写了什么，再写了什么，接着写什么，最后写了什么。注意，把你的笔带上，咱们可以圈圈画画，或者写出你的发现。（学生自主学习）

师：谁来说说，这篇课文作者是怎么来写的？

生：先写了黄河，再写羊皮筏子，接着写艄公和乘客。

师：我们来归纳一下，如果说写黄河，就是写人物活动的背景，也就是景。那么，写羊皮筏子，就是写人物活动时用的什么？

生：物。

师：最后这艄公和乘客就是写——

生：人。

师：大家很会读书，这样的发现太重要了。

师：让我们看看这一段。（出示：羊皮筏子上的艄公……成为黄河的主人）

师：下面找位同学读一读，其他同学一边听、一边想，这一段到底写的是什么？

生：写艄公怎么撑筏子的。

师：我想知道的是，这段话是在写艄公如何撑筏子的吗？这是在写黄河水的吗？这是在写筏子样子的吗？

生：都不是。

师：那写的是什么？

生：作者内心的感想和自己当时的情感。

师：对，这叫写什么？

生：情。（板书：情）

师：到这，你发现了这篇写人的课文和我们平时写人的习作有什么不同？

生：这篇课文不是像我们之前写的那样，一上来就写人物的外貌，而是先写周围的环境。

师：以景铺路。

生：不但没有先写外貌，而且是等了好久才写到艄公这个人物。

师：原来这篇课文不是直接写人的外貌，而是按照从人物活动的大背景到小事物，再写人的活动，最后到人物内心的情感的顺序来定篇的。

师：（指黑板上写的汉字）让我们再来看看这四个字。我只问一个问题，这四个方面，它们之间有什么联系吗？

（学生有点茫然）

师：这几个方面中，黄河中包含着什么？

生：筏子。

师：筏子上呢？

生：包含着人。

师：现在知道是什么联系？

生：由大到小。

师：现在如果让你去写一个人，你先安排什么材料？接着呢？最后呢？

生：我会先写人物生活的环境是怎样的，然后再写人物，最后写人物或者我自己内心的情感。

师：像这样安排材料的过程就是习作的构思。老师将刚才的所学，总结了一下（出示：一学整体构思：景物人情，由大到小），齐读。（生齐读）

2）段落表达：紧扣主人，对比衬托。

师：刚才，我们是整体看了一下这篇课文。现在我们再选个段落读一读。我们先读读课文的第一自然段，想想这是一条怎样的黄河。（出示第一自然段内容，学生自由朗读第一自然段）

师：告诉我，在作者的眼里，这是一条怎样的黄河？

生：很有气势。

生：是一条让人胆战心惊的黄河。

师：这是作者眼中的黄河，想不想看看老师眼中黄河的样子？

生：想。

师：满足大家。（出示黄河图片，并作简要介绍）

这是清晨的黄河，它被太阳悄悄地染上了酒红色。远处的山，近处的水，似乎还陶醉在昨夜的美梦之中（见图1）。

这是夕阳西下的黄河，余晖映照下的黄河一段橘红，一段绛紫，热闹了一天的黄河此刻又恢复了平静（见图2）。

这是夏日的黄河，它如同一条明亮的带子，静静地镶嵌在碧绿的草地之上（见图3）。

这是秋天的黄河，它泛起微微的波浪，一边散步，一边欣赏着岸边红树黄花（见图4）。

师：我想问问，这样的黄河美吗？喜欢吗？

生：很美，很喜欢。

师：这样的黄河展现在你的眼前，你还害怕吗？

生：一点儿都不害怕。

师：那作者为什么不写这样的黄河，而要写书中的那种黄河呢？

生：这样的黄河，看不出黄河的气势。

生：如果都是这样的黄河的话，就看不出艄公的作用了。

图1　清晨的黄河

图2　傍晚的黄河

图3　黄河夏景

生：我觉得，只有书中描写的黄河才能衬托出艄公的勇敢和镇静。

师：咱们读书呀，要懂得上下联系起来读。这样一读，你就能发现这里的写景其实就是为了衬托所要描写的人。（板书：衬托）

图4 黄河秋景

生：我还发现了一点：作者把黄河写得气势很大，很凶险，正好和筏子的小形成对比。

师：是的，这样写黄河，才能对比出筏子的小，从而更加能说明艄公的勇敢和镇静。（板书：对比）

师：其实，课文中还有很多文字都在运用衬托和对比。来，再自由地读读课文，用笔找出作者运用对比和衬托手法的地方。（学生读出相关语句）

师：把你找到的相关语句和大家分享一下。

生：从岸上远远望去，那么小，那么轻，浮在水面上，好像只要一个小小的浪头，就能把它整个儿吞没。这句话和黄河的气势大形成对比。

生：我不禁提心吊胆，而那艄公却很沉着。这是将作者和艄公进行对比。

生：皮筏上的乘客谈笑风生，他们向岸上指指点点，那从容的神情，就如同坐在公共汽车上浏览窗外的景色。这是从乘客的角度来衬托出艄公的沉着冷静，技艺高超。

师：原来，作者在写这篇文章时，特别注意到了对比和衬托手法的运用。

师：对比的目的是什么？衬托的目的又是什么？

生：是为了突出艄公的勇敢和智慧。

生：镇静和机敏。

师：这也是我们今天学到的第二种习作的技巧（出示：二学段落表达：紧扣主人，对比衬托），请齐读。

师：现在如果让你写一个人，表现一个人的品质，你打算怎么写？

生：我想先用这个人所生活的环境来衬托一下。比如，如果他是一个很坚强的人，我就可以写他生活的周围种植着许多雪松。

师：以物喻人，好方法。

生：还可以通过他周围人的表现来对比。比如，通过别人的斤斤计较来对比衬托出他的慷慨大度。

师：原来，别人确实可以成为自己的一面镜子。

3）语言运用：四字词语，对称组合。

　　师：刚才我们粗略地看了一下课文段落的表达。接下来，让我们再深入一步，看看作者又是怎么来写句子的。

　　师：请大家听我来读课文。还是第一自然段。（出示第一自然段改写文：黄河水向前滚动着，一个浪头接着一个浪头，像千万匹马在跑动；浑浊的浪花似乎要拍上了天空。看着眼前这样的情景，真让人害怕）

　　师：刚才老师在读的时候，把第一自然段中的一些词句给改了，你们觉得怎样？

　　生：不生动。

　　生：好像没有书中那么有劲了。

　　师：大家也来这样读读。（生自由读改写文）

　　师：读着这些文字，你和书上的对比一下，你会觉得书上的文字更显得——

　　生：生动。

　　生：形象。

　　生：有气势。

　　生：让人有一种害怕的感觉。

　　师：为什么像课文那样写就很生动，很形象很有气势呢？作者用了什么窍门？

　　生：书中第一自然段中，作者用了很多四字词语。

　　师：对！作者在这里运用了很多四字词语。

　　师：（出示书中第一自然段文字，并加粗四字词语）我们先来读读这些四字词语。

　　师：再来读读这段文字。

　　师：看来，这些四字词语的使用，让黄河一下子变得气势宏大起来，让人害怕起来。

　　师：写黄河时，作者用了很多四字词语，那在写物、写人、写情时，作者有没有用呢？

　　生：用了。

　　师：赶紧找找。

　　（学生自由找，并圈画）

　　师：从这些词语中，你看到了什么样的物、什么样的人、什么样的情感？

　　生：这些四字词语都表现了黄河的凶险、艄公的沉着机智、乘客的轻松愉悦，以及作者内心对于艄公的敬佩之情。

师：原来，四字词语的运用能有这么大的好处。（出示课文中所有四字词语——第一行：万马奔腾、浊浪排空、波浪滔滔、惊涛骇浪；第二行：鼓浪前进、破浪前行、如履平地、专心致志；第三行：胆战心惊、提心吊胆、谈笑风生、指指点点）让我们再来好好读读这些词语。

师：有没有发现，我出示的词语，好像与书中出现的顺序不一样了。知道我为什么这样排吗？

生：第一行描写的是黄河。

师：这些词语都点出了黄河的——

生：凶险。

师：正好衬托出艄公的——

生：勇敢机敏。

生：第二行直接写的是艄公。

师：这些词语则直接表现出——

生：艄公的勇敢机敏。

生：第三行写的是外人和乘客。

师：前两个词写出了外人的——

生：害怕。

师：后两个词写出了乘客的——

生：从容。

师：而这些，都衬托出艄公的——

生：勇敢机敏。

师：看来，作者的四字词语都不是随便用的，他所用的所有四字词语都是围绕谁来安排的？

生：艄公。

师：都是为了表现艄公的——

生：勇敢机敏。

师：这些四字词语用得真好，赶紧好好读读吧。

师：现在，咱们来合作一下。我读"那么小"，你根据课文会接着读什么？

生：那么轻。

师：好，就这样，我们来感受一下课文的语言。

师：我说，艄公他"小心地注视着水势"，你会接着说——

生：大胆地破浪前行。

师：我说，艄公他"面对着险恶的风浪"，你会接——

生：身系着乘客的安全。

师：我说，艄公他凭着"勇敢和智慧"，你会接——

生：镇静和机敏。

师：我说，作者"提心吊胆"，你会说乘客——

生：谈笑风生。

师：（出示刚刚师生完成的内容）请看看大屏幕，你发现了什么？

生：作者在写句子时，不但用了很多的四字词语，而且还讲究语句的——对
应，很有节奏感。

师：要不要增加点难度再说两个？我说吴某某很活泼，你会接着说很——

生：可爱。

师：连起来说就是——

生：吴某某很活泼，很可爱。

师：我说陶某某高大威猛，你会说——

生：陶某某小巧玲珑、温柔可爱。

师：我说咱们的校园整洁大方，你会说咱们的教室——

生：宽敞明亮。

师：我说，她笑起来像花一样美，你会说——

生：她哭起来像鬼一样丑。

师：从大家的笑声中，我们又学到了一个语言表达的技巧（出示：四字词
语，对称组合），请齐读。

（3）总结方法。

师：你们看，这节课咱们不但读了课文，还学到了怎么写人。有三种方法，
从全文构思来看，要做到——

生：景物人情，由大到小。

师：从段落写作来看，要——

生：紧扣主人，对比衬托。

师：在具体语句表达上，要多用——

生：四字词语。

师：句子与句子之间——

生：讲究对称组合。

师：然而，不管怎么写，都要围绕一个什么？

生：所要描写的人。

师：学习了，咱们就得用，所以，课后的作业，就是让大家运用今天学到的三种方法，来写一个人。老师很期待你们的这篇大作。

【学生习作例文】

雨中的邮递员

去年暑假，我在外婆家做了"久留之客"。

一天下午，我躺在床上津津有味地"品尝"一本作文书。突然，刮起了一阵狂风，狂风过后，一道道闪电如晴天霹雳，击碎了我的好心情。一刹那间，豆大的雨点从天空中落了下来。我还没有来得及抱怨这场讨厌的大雨，就听见"咚咚"的敲门声。我正准备下床去开门，外婆已经打开了门，我一看，原来是一名邮递员叔叔呀！叔叔全身湿透了，而邮件却是干爽的，这令我感到好奇。这时，叔叔对外婆说："大妈，您的邮件。"外婆接过邮件对叔叔说："小伙子，这下大雨的，暂时在我家坐会吧，等雨停了再走，你看看你，全身都湿透了！淋坏了身子可不好！"叔叔连忙摆手说："不了，大妈，谢谢您！没关系的，我有雨衣，在摩托车上呢．您忙吧，我还得赶着送邮件呢！"我顺着叔叔转头走行的方向，看到停在门口的摩托车，原来叔叔的雨衣正严严实实盖在那些邮件上，还用绳子绑了好几道……

望着叔叔远去的背影，渐渐地消失在雨中，我的心情久久不能平静，一颗向他学习的种子撒在我的心田，生根发芽……我们都应该像这位邮递员叔叔一样，在各自的岗位上兢兢业业地工作，为我们社会的发展和国家的富强，贡献我们自己的光和热！

【教学反思】

这是一节指向习作的阅读教学，就是我们通常所讲的读写结合。指向习作的阅读教学，可以是写，也可以是说、思、议，它的重点不在写，而在于读。这是当前比较新的说法，本节课的设计一脉相承。我们现在的阅读教学指向，不仅仅是了解内容，不同的年级要渗透一定的读写知识。本节课很多地方体现了指向习作的阅读教学这种理念，比如：对比，把黄河写得气势很大，很凶险，正好和筏子的小形成对比，这样写黄河，才能对比出筏子的小，从而更加能说明艄公的勇敢和镇静。又比如：在具体的语句表达上，要多用四字词语，句子之间要对称组合。教学环节设计得很出色，那不是对内容的简单理解，而是在写作上要运用这些方法，突出人物形象。本节课读和写结合的这一理念也是当前小学语文教学的走向。

二、教材中的习作教学

1.《设计动物名片》教学设计

【教材解析】

《设计动物名片》是苏教版小学语文第五册第五单元的习作内容。本次习作内容采用一种新颖的形式——设计动物名片，一方面激发学生兴趣，另一方面让学生通过收集资料，进行加工、处理，扩展学生习作练习的空间，提高学生的写作能力。设计一张与众不同的动物名片，不仅要了解动物的外形特点，还要掌握动物的有关趣闻，这需要学生对某种动物有比较深入、细致地观察，较翔实的资料积累，以及对这种动物生活习性的了解及与它之间的情感积累。编者设计这样的习作方式好在一个词——"创新"，比起单单写我最喜欢的动物这样的形式，更能锻炼孩子们的创新能力，搜集、整理资料以及动手操作的实践能力，更易激发学生写作的兴趣。如此设计，恰恰是对新课标中"能具体明确、文从字顺地表达自己的喜闻乐见、体验和想法"这一理念的具体呈现。

【教学目标】

（1）选取自己喜欢的一种动物，学会用第一人称"我"，向大家介绍一种动物。

（2）介绍它的外形和生活习性，表达要正确、通顺。

（3）把图片和文字结合起来，也可以自己画图，给动物设计一张名片。

【教学重点】

向大家介绍动物时，要说清楚它的外形和生活习性，表述要通顺。

【教学难点】

动物名片设计得与众不同。

【设计理念】

动物是人类的朋友，温顺、可爱的小动物更招人喜爱，几乎每个孩子对这些动物都有一种特殊的喜爱之情。学生喜欢小动物，也希望更多地了解动物，掌握一些关于动物的知识。因此，我们要给学生充分的时间去了解自己所喜欢的某种动物的有关知识，通过搜集资料等方式，对自己喜欢的哪种动物进行全面了解，以便能写出更有个性鲜明的动物名片。作文教学不仅仅是为了让学生写出一篇好的作文，更重要的是让学生在写作文的过程中获得一定的知识，能有所收获。

【教学准备】

学生搜集动物的资料、自制动物的图片卡，课件，作文纸，彩色粉笔。

【教学过程】

（1）谈话激趣，导入新课。

1）今天我们来上一节作文课，请读题。

2）各位有自己喜欢的动物吗？说说你都喜欢哪些动物，理由又是什么呢？（PPT呈现多种多样的动物图片）

3）说了这么多你们喜欢的动物，想不想把这些动物都聚在一起，开一个大大的动物总动员？

本部分设计理念：创设情景，激活兴趣。老师利用精美的课件，把学生带入到迷人的森林中，去感悟森林中多种多样的动物们，给予学生独特感受和真切体验，同时，通过教师富有感染力的语言，为学生乐意表达创设了一个美好的情境，亦为师生间的互动营造和谐、宽松的课堂气氛，真正做到"我口说我心"。

（2）例文引路，悟得方法。

1）不但你们想，光头强也想了，而且还出示了招募广告。请看。（出示光头强招募广告：动物朋友们，大家好！从今天起，本人光头强不再砍树了，我将和熊大、熊二一起开办动物园。无论你是大的小的、胖的瘦的、高的矮的、凶猛的还是可爱的……只要你来，我们就免费为你提供吃的喝的，玩的乐的。如果你还能向大家展示自己的本领，我们会另外发放工资）

2）这样的待遇，好吧？所以，第一天就有两张名片递上来了，结果光头强竟然没看明白。我们来看看，这两张名片讲的内容是什么。

（出示：A.我的名字叫鲸，我长得比较大，身体很重。我还有很多本领。B.我的名字叫海龟，我长得比较大，身体很重。我还有很多本领。）

3）为什么光头强没看明白？（生自由说）原来，鲸和海龟都只说了自己的名字，没有具体说它们到底有多大，到底有多小、到底有什么本领。（教师相机板书：名字、大小、轻重、本领）

4）在大家的提醒下，鲸和海龟回去修改了自己的名片，第二天又递给了光头强。

（出示：A.我的名字叫鲸。我可以自豪地说，我是世界上最大的动物。如果我把嘴巴张开，可以当餐厅。里面放上一张桌子，周围坐上五六个人绝对没有问题。当我还是婴儿的时候就有3 000千克重，7米长。我每天体重增加90千克，每小时增加4千克。我每天能吃3 000千克食物，你看惊人不惊人？有人叫我"鲸鱼"，千万不要误会，我可不是鱼哟。B.你们可能在电视里和水族馆中见过我，我的名字叫海龟，个儿挺大，体长可达2米多，体重有500多千克。我的潜水本领非常出色，可以在水下停留一昼夜或更长的时间。我还有一种"特异功能"，外出旅游不管走多远，从不迷失方向。我一从蛋壳里钻出来，便爬向大海，寻找安全。当我产卵时，又回到出生的海滩。）

5）这两只动物的名片，光头强能看清楚吗？都看清楚了什么？

预设1：

看清楚了名字——叫鲸，不是鱼；是海龟，不是乌龟。

预设2：

知道了大小轻重——鲸很大，并且通过举嘴巴张开都能当餐桌的这样的例子来说明。（相机板书：举例子）还通过"3 000千克""7米""90千克""4千克"等数字来说明鲸的大。（相机板书：列数字）

引导学生了解海龟的大小也用了列数字的方法。

预设3：

本领——鲸很能吃；海龟在水下停留时间长，还不迷失方向。

引导发现海龟在介绍自己的本领时，也采用了举例子的方法。

6）总结：光头强能看清楚了，你能不能看清楚？原来，把名字说清楚、准确，用列数字或举例子的方法说自己的大小轻重和本领，这样一来，大家就清楚了。

本部分设计理念：儿童习作，需要经历一个由扶到放的过程，虽然三年级学生口头语言已有了一定的发展，但若要他们用准确的书面语言表达自己的意思，毕竟还有些困难。例文引路，通过两次例文的呈现，让学生体会到把事物写具体的好处及方法。可以说例文在学生理解与表达、学习与运用之间架设起一座感性的桥梁，让学生读中悟、仿中创，进入读写结合的思维通道，体现"由扶到放，习得写法，模仿起步"的教学理念。

（3）积极思维，尝试练笔。

1）想不想把你喜欢的动物也推荐给光头强？

2）为了让大家能介绍得更清楚，让光头强一看就收下，我再给大家一个方法。刚才海龟介绍自己的时候说，自己有500千克重。假如你不知道体重，怎么办呢？（出示：我有一辆小汽车那么重）

这样说你觉得海龟重吗？这样一说效果是一样的，但之前用的是列数字的方法，而这把海龟和小汽车进行了比较，这样的方法就叫——作比较。把自己和一个大家熟悉的事物比比，就行了。（板书：作比较）

3）动笔之前，我再给大家一点提示：

A.选择自己喜欢的一种动物，为它写一小段自我介绍。备注：稿纸开头加上"大家好，我叫——"

B.按照"名称—大小—轻重—本领"的顺序，尝试用上"举例子""列数字""做比较"的方法。

C.不会写的字用拼音代替，写错的地方直接划去，不许用橡皮或修正带。

D.时间为12分钟。

4）强调写字时的姿势，表扬做得好的同学；在写的过程中，可以随时举手提问；写好时，举左手示意，右手继续修改。

本部分设计理念：老师打破常规，巧妙运用"他赢"的理念，以推荐自己喜欢的动物的方式写动物名片，不仅增强了趣味性，活跃了课堂气氛，更能调动学生踊跃发言，表现自我的积极性。此时习作要求已变成拉动内需，充分激起了学生参与情趣。

（4）呈现作品，交流点评。

1）现在，光头强动物园招募大会正式开始。老师请两位小动物上来介绍自己。（两篇写不同动物的习作）

2）指导学生读好习作。

教给你们一个秘诀，文章是三分文章七分读，读得好，会给文章增色不少。所以，你现在就可以酝酿一下，争取把你的名片读得让光头强一听就清楚，就知道你喜欢它。

3）其他同学就做招聘主管光头强。为了让大家能做一个合格的招聘主管，我给了一个标准表，希望各位能一边对照评价表（见表1），一边认真看认真听，当一个合格的动物园老板。

出示：

表1　评价表

评价内容		星级	自我评价
内容	名称	★	
	大小	★	
	轻重	★	
	本领	★	
方法	举例子	★	
	列数字或做比较	★	

4）学生对照评价表评议习作。说说介绍的是谁？介绍清楚了吗？如果没有介绍清楚，你打算怎么修改？

5）现在请看看你自己的习作，对照一下评价表，你写的能得几颗星呢？

本部分设计理念：让学生读出自己的习作，并通过自评、互评这些富有新意的评价方式，有效调动学生的参与热情。

（5）总结提升，留有思考。

1）我们今天的习作课就快结束了。课后请大家再将你写的内容修改修改。

出示不同形式介绍不同的动物的名片：

我的名字叫孔雀，你可以在动物园里看到我。我个不大，体长大约90到130厘米。我还有150厘米的尾屏。我的尾巴有一种特异功能：张开尾羽抖动进行求偶表演。当我美丽的尾巴张开时，还可以吓跑敌人（见图5）。

图5　动物名片一

大家好，我叫小白兔，长着一对长长的大耳朵，一双红通通的大眼睛，像两颗闪闪发光的红宝石。我的尾巴很短，呈圆形，仅有5厘米，故有"兔子的尾巴长不了"的说法。我穿着一身雪白的棉袄。我最喜欢吃草本植物及树木的嫩枝、嫩叶等食物。我的性格温顺，胆小如鼠，寿命为10年左右。因为前腿较长，后腿较短，所以，跑起来像风一样快。我有许多洞穴，故有"狡兔三窟"的说法。

听了我的介绍，你们喜欢我了吗？（见图6）

2）为了大家能更好地完成此次习作，我再送给大家一首习作秘诀。（出示口诀:介绍动物并不难，有了方法就简单。先报名字和大小,轻重本领随后站。大小本领举例子,轻重数字比较看。几种方法一起用,动物清楚立眼前）

图6　动物名片二

本部分设计理念：写作教学应贴近儿童生活实际，让学生易于动笔，乐于表达；应引导学生关注现实，表达真情实感：注意培养学生观察、思考、表现、评价的能力；为学生的自主写作提供有利的条件和空间，减少对学生写作的束缚。

【板书设计】

为动物设计名片

内容:名字　大小　轻重　本领

方法:举例子　列数字　作比较

【设计评析】

三年级是学生习作的一个分水岭，正处在由写话迈向习作的起步阶段，虽然学生的模仿性较强，但生活阅历浅，阅读面和知识面较窄，词汇的积累量也较少，完成一篇习作是有一定困难的。本篇设计为消除学生畏难的心理，教学时通过创设情境、借助游戏活动来激发学生的写作兴趣，培养学生的写作自信，从而教给学生初步习作的方法，使学生感到作文是简单的，有意思的。

（1）教材新颖促兴趣。

本次习作内容采用一种新颖的形式——设计动物名片。一方面激发学生兴趣，另一方面让学生通过收集资料，进行加工、处理，扩展学生习作练习的空间，提高学生的写作能力。设计一张与众不同的动物名片，不仅要了解动物的一般特点，还要掌握动物的有关趣闻，这需要学生对动物有比较深入、细致的观察，较翔实的资料积累，以及对这种动物脾气性格的把握和作者与它之间的情感积累。

这样的训练形式好就好在一个词——"创新"，比起单单写我最喜欢的动物这样的形式，更能锻炼孩子们的创新能力以及搜集、整理资料与动手操作的实践能力，更易激发学生的兴趣。这是在用创新走出昨天的故事。

（2）互动新颖贯全篇。

师生互动是一种师生共同学习的过程，让每个孩子有更多的机会说出自己的看法，和老师同学进行充分交流，学会聆听别人的意见，这样能够促进孩子的自我学习意识，帮助孩子养成良好的学习习惯。

本篇设计，自始至终充满着师生的互动。在"导入部分"，师生一起交流自己喜欢的动物，从交流中获得对动物的初步认知，也初步交流到了介绍动物应从哪几个方面来说。在"例文引路"部分，通过先呈现两个简单的动物介绍的句子，让学生辨析找碴，体会句子的不足，既而再呈现例文进行辨析，以及在"尝试练笔"中的教师指导，到"交流点评"时互评，直至"总结提升"，都能体会教师以学生为主体的思想，倡导师生互动的教学理念。

（3）设计新颖语言活。

本篇设计以光头强招募广告为楔子，以此为引，以此为线，学生的兴趣浓厚。教师激发性的语言比比皆是：各位有自己喜欢的动物吗？说说你都喜欢哪些动物。理由呢？说了这么多你们喜欢的动物，想不想把这些动物都聚在一起，开一个大大的动物总动员？这样的待遇，好吧？光头强能看清楚吗？那他都看清楚了什么？他是谁？介绍得清楚吗？都清楚在哪儿？那么，你写的能得几颗星呢？学生在教师话语的指引下，能饶有兴趣地展开学习。整个课堂语言鲜活生动，为学生的练笔打下了坚实的语言基础，提供了有力的语言保障。

（4）理念新颖效果佳。

本篇习作采用了一种新颖的形式，以光头强招募广告为引，一方面激发了学生的兴趣，另一方面意在让学生通过查找资料，进行加工、处理，扩展学生习作的空间。作文教学不仅仅是为了让学生写出一篇好的作文，更重要的是让学生在写作文的过程中获得一定的知识，能有所收获。本篇设计采用分层指导、分步推进的方法进行指导，还重视在知识获得的过程中整合听与说的训练。用精彩的画面，动物生动的自我介绍，使学生自觉地观察比较，抓住了介绍动物的方法，明确了本课的重点，发挥了学习的主动性。先说后写，在孩子们说的过程中及时进行指导，让孩子在听同龄人说的过程中有所启发，这样孩子们乐于表达，利于动笔。

这样的设计很好地诠释了崔峦先生"简简单单教语文，本本分分为学生，扎扎实实求发展"的教学理念，于简单中孕育深刻，细节中蕴涵智慧，颇耐人寻味。

2.《说说端午节》教学设计

【教材解析】

本篇习作来自于苏教版第六册教材第五单元，共分三部分。第一部分交代了收集资料的目的，通过创设与学生生活实际紧密结合的情境，渗透了根据生活和学习中的需要，有目的地收集信息资料的教育。第二部分是关于端午节的资料。第三部分是习作要求，要求学生在充分阅读教材提供的关于端午节的资料后，对这些资料进行整理，选取需要的资料写一篇介绍端午节的短文。

【教学目标】

1.通过阅读资料，知道端午节是我国的传统节日，了解端午节的由来，流行地区和民间习俗。

2.能根据内容或需要，有目的地选择并整理资料，培养初步处理信息的能力。

3.能按一定顺序把你想要向大家介绍的端午节的知识，写成一篇语句通顺，条理清楚的短文。

【教学重点】

在练说的基础上，按一定的顺序写下来。

【教学难点】

培养学生有效地搜集整理资料的能力。

【设计理念】

（1）本次习作要求学生选用有关资料，为黑板报写一篇介绍端午节的短文。这样的习作，学生容易长篇大论摘录收集的内容，东拉西扯拼凑在一起，形成没有多大价值的资料杂烩。怎样让学生在众多材料中，联系生活实际和生活体验，写出自己感兴趣的"乐于书面表达"的内容，是着重考虑的要点。

（2）课程标准第二学段的要求是"有目的地搜集资料"，第三学段的要求是"初步了解查找资料、运用资料的基本方法"。面对三年级学生，如果只是将搜集的资料堆砌在习作中形成文，习作就没有什么价值和意义。如果需要对材料处理，又处理到哪个层次，是否会拔高学段的标准。这就要求教者在执教本课时要注重取舍，教给学生收集、整理素材的基本方法并运用恰当的语言形成文章。

【教学准备】

（1）教师提前一周布置，让学生通过阅读课外书、上网查询或询问他人等办法搜集有关端午节的资料。同时，教师应及时询问了解他们收集的情况，并进行二度调控指导。

（2）本课没有"例文"，教师可以准备"下水文"，以便师生读议后把握基本写法：如怎样筛选自己熟悉或需要的资料，怎样有重点、有条理地介绍。

【教学过程】

（1）作前指导。

1）揭示话题，激发兴趣，明确习作内容。

同学们，我们中华民族有许多富有民族特色的传统节日。你知道有哪些吗？是哪一天呢？再过一段时间，就到端午节了，今天我们就一起来了解端午节的知识，好吗？（板书：端午节）

2）班内交流，增加积累，获得初步感知。

课前资料搜集了吗？你是从哪儿搜集的？（相机推荐学习方法，要求同学留心观察周围的事物）看来同学们搜集的资料肯定很丰富。那现在让我们赶紧先在四人小组内把你的资料共同分享一下，看看谁搜集的资料最多、最生动！（四人小组交流。和其他同学交流搜集到的资料，实现资源共享）

同学们交流得真热烈，我们一起来宣布："端午节日知多少"知识竞赛，现在——开始！（课件展示"端午节日知多少"幻灯片）

①谁能给大家介绍端午节的来历吗？（板书：来历）指名交流。（相机板书：

屈原的传说、伍子胥的传说、曹娥的传说、田文的传说……)

教师小结：正因为不同地区端午节由来的传说各不相同，所以端午节就有了很多别称，比如：诗人节、女儿节、龙节……

②谁能介绍你们家是怎样过端午节的？有什么好吃的？指名交流。（相机板书：吃粽子煮蛋、插艾草菖蒲）（板书：风俗）

③其实不同地区，不同民族，还有很多不同的习俗呢！你还搜集到了哪些资料？能给大家介绍一下吗？指名交流。（相机板书：赛龙舟、点雄黄、挂石榴花、挂五毒图……）

④哪位同学也搜集了这方面的资料，能补充吗？

小结：同学们交流得可真精彩。通过搜集资料，你们掌握了这么丰富的端午节知识。看来搜集资料这个方法还真不错！

本部分设计意图：谈话式的交流，既营造了一种和谐、宽松的课堂教学氛围，又激发了学生参与课堂的积极性。创设特定的情境，使学生处于一种轻松和谐的气氛中，激起学生学习的兴趣和表达欲望。学生手里有了收集的资料，就能根据生活经验畅所欲言，这不仅调动了课堂气氛，同时也使学生在具体的生活情境和语言环境中吸收、内化知识。

3）看文中资料，阅读例文，领悟写法。

胡某某也为我们提供了有关端午节的一些资料，咱们来读一读，把不理解的地方做上记号。师生共同探讨，解答学生提出的疑问。

为了庆祝端午节，我们班要出一期以端午节为主题的黑板报，让更多的同学了解祖国的传统节日，需要同学们写一篇介绍端午节的小短文，你想在班级的黑板报上刊登你的大作吗？大家能不能运用这些资料给我们介绍介绍端午节呢？

【学生习作例文】

"五月五，是端阳。门插艾，香满堂。吃粽子，洒白糖。龙舟下水喜洋洋。"这首民歌唱的就是农历五月初五的端午节。端午节，是中国民间的传统节日，又称端阳节、重午节。端午节主要有以下几个特点：画门符，悬艾葛，饮雄黄酒，还有吃粽子、赛龙舟等。

端午节这天，人们将画着"五毒"形象的剪纸做成门符，据说这样做是为了驱"五毒"，防瘟疫。早上，人们就将艾枝插在门上，或用艾葛编织成"艾虎"插在门楣中央或戴在身上，以保安康。端午节这天早饭前，人们要先饮一杯雄黄酒，然后用糯米红枣包成粽子。

有的地方端午节要吃"五黄"：黄鱼、黄瓜、咸鸭蛋黄、黄豆瓣包的粽子、雄黄酒。无论什么地方这一天都要用雄黄在儿童的额头上画"王"字,佩戴五颜六色的香囊。

而赛龙舟、吃粽子才是端午节的主要活动。相传,这些民俗活动是为纪念2000多年前的伟大爱国诗人屈原的。屈原投江后,人们划着船从四面八方来抢救屈原。他们把粽子投入江中喂鱼虾,以免鱼虾吃屈原的尸身。这就是民间关于端午节划龙舟、吃粽子来历的传说。

怎么样,中国人过端午节,有趣吗?(四人小组阅读、分析、评价范文)

书上的,还有我们搜集的这么多资料,是不是全都要用进去呢?(生自由发言)

老师告诉你一个小窍门:选你感兴趣的方面写。你最想写什么呢?(指名说)就可以以此为题。有没有谁想介绍几个方面的?(指名说)。选自己感兴趣的去写这就叫有目的地取舍。(板书:取舍)

有了材料,是不是原文照抄呢?对了,是要用通俗易懂的语言来介绍,有的在前,有的在后,这就叫"重新组合"。(板书:重组)

还有我们收集的材料,感兴趣的也可以写进去的就叫"补充"。(板书:补充)

本部分设计意图:教材提供了八条端午节资料,没有例文。教师向学生提供了一篇有针对性的学生习作,从"例文"中获得启示:面对众多的资料,我们要学会"重组—取舍—补充",这也使本次教学的难点得以突破。

(2)下笔成文。

1)集体交流,明确习作任务。

那么,我们究竟该怎样来写呢?请大家自由读,看看给我们提出了哪些要求?指名说,教师再次强调:

可以介绍端午节的来历,这一天为什么要赛龙舟、吃粽子;也可以专门介绍你们当地端午节的风俗。

注意材料的重组、取舍、补充,有重点、有条理地介绍。

想一想,在介绍端午节的每个方面之间,应该用什么样的语言连接上,使之更加通顺合理。

2)静思默想,学生作前构思。

你准备介绍端午节哪些方面的内容,准备用什么样的过渡语。先静静地想一想。

3)下笔成文,教师点拨指导。

想好后就把它写下来，注意要符合本次习作的要求，不会写的字可以先加上拼音。如果你能做到写得既快又工整，那就更好了。

学生习作时，教室内应尽量保持安静，要让他们一气呵成。巡视时，教师应及时了解、发现本次习作中出现的共性问题，并对出现的优秀习作及共性问题做到心中有数，以便进行作后指导。对于极少数作文方面存在困难的学生，教师应单独给予第二次指导，适当降低作文要求。

本部分设计意图：习作前先出示习作要求，使学生明确了此次习作的任务，做到了心中有数。而后，在他们静思默想之后鼓励他们快速成文，目的是要培养他们习作的效率意识，让他们有话快写。同时，在这一环节中，教师的巡视指导又做到了分层施教，使学生有话可说。

（3）作后评改。

1）提出目标，明确任务。

常言说得好，"刀不磨不快，文章不改不好"，"文章不厌百回改"。因此，对于我们已经写好的文章，一定要及时进行修改。把自己的作文与大家一起交流，是一件很快乐的事情。

2）学生自改，二次作文。

出声读自己的习作，动笔修改错别字和不通顺的句子。如果你能改出三处以上的错误，每处就可以奖励自己10分。

谁来给大家读一读？其余同学边听边想：他（她）介绍了端午节的哪些内容？是不是做到了材料的重组、取舍、补充？（投影出示一位学生习作）每个内容之间是不是很生硬？

指名读，其他同学对照习作要求仔细听，看他哪些地方写得好？哪些地方还需要修改？集体进行交流、评议。

教师要引导学生学会欣赏他人的习作，善于发现他人的闪光点，可以欣赏全文或比较出彩的一个段落，也可以欣赏一句话甚至一个词语。当然，此处的评议应紧扣本次习作要求，重点看他所选的材料是否做到了重组、取舍、补充。

请大家对照习作要求，结合大家提出的修改建议，再来修改一下自己的习作吧。

你在修改中，如果遇到了困难，可以向你的同桌请教。如果你已经修改完了，把你修改后的习作读给你的同伴听，也听听他们的建议。

你对自己修改后的文章满意吗？对照习作要求进行自评得分，满分100，并在此基础上给自己加分，每符合一项要求加20分。

本部分设计意图：自改过程中，学生重新感受写作的过程，在查缺补漏中完善了自己的作文，享受了习作过后的愉悦感。

（4）习作交流。

以小组为单位，在组内朗读自己的习作，组员共议，组内评优。

各组选派优秀习作代表，班内组织习作展示交流评议。

师生共同评议，评选习作小明星。

【板书设计】

说说端午节

来历　风俗

重组　取舍　补充

【设计评析】

本节课主题为"说说端午节"。对于端午节这一类传统节日，它不同于春节、中秋等让孩子们耳熟能详，所以在授课前布置了学生查阅、收集、阅读中国传统节日各个方面的资料。教师首先要教给学生收集素材的方法，并对收集的内容进行指导。而后针对调查情况进行二度指导，使学生能够互相启发，进一步充实自己收集的材料。

所以，此次习作的重点是看学生能否对端午节的材料进行重组、取舍、补充。对于不同的孩子来说，教学的要求应有所不同：对于习作能力强的孩子可适当提高要求，引导他们用通俗的语言来介绍，并且补充一些自己搜集到的材料等；而对于习作有困难的孩子来说，则应适当降低一下习作要求，只要他们能把端午节的来历、习俗等介绍出来即可，重点是鼓励他们有话敢说，有话乐说。

（1）充分交流，丰富知识积累。

课程标准要求中年级学生能初步学会搜集和整理资料，而三年级的课本上确实出现了要求学生在习作中培养这个本领的内容。让学生收集、交流资料，不但可以培养学生收集信息的能力，同时可以丰富学生的生活积累。本篇设计特别重视这方面的训练。

"课前资料搜集了吗？你是从哪儿搜集的？"通过谈话式的交流，先引导学生分享自己所搜集的资料。这既是学生对所搜集的资料进行了又一次的梳理，同时也是借鉴他人的资料，对自己的知识储备进行了补充。接着，以"'端午节日知多少'知识竞赛"活动为载体，开展了一次有关端午方面的知识大展演。在展演的过程中，教者逐步将介绍端午的方法与手段揭示出来，让学生明白了介绍端午节应从何入手等问题。

（2）关注文本，正确选用素材。

有了大量的素材不代表就能介绍好端午节，该如何介绍？本篇设计给出了方法。"选你感兴趣的方面写，你最想写什么呢？""是要用通俗易懂的语言来介绍，有的在前，有的在后，感兴趣的也可以写进去。"通过品读例文，教师的引领，学生明白了"重组、取舍、补充"的重要性。本篇设计通过与文本结合，教给了学生如何处理收集的资料的方法，培养学生处理信息的能力。再加以写作方法的指导，使学生懂得如何用自己的语言将处理过的资料整理成一篇短文。学生间的交流与评价，可使学生互相取长补短，进一步提高写作水平。

（3）语言灵活，达到巧妙过渡。

本次习作要求学生根据所获得的有关端午节的资料，写一篇介绍端午节的短文。如果处理不当，学生很容易就会将各种文字资料简单拼凑成一篇文章。如何让学生有序地组织这些材料，如何按照一定的顺序来写，过渡语就很重要。本篇设计先让学生弄清资料的内容，分清资料，如可以分为端午节的时间、来历、端午节的儿歌、端午节的习俗以及流行地区等。接着，让学生按照一定的顺序来写。比较难的是过渡语的组织。因此，在本篇设计中，特别注意了这一点：想一想，在介绍端午节的每个环节之间，应该用什么样的语言连接上，使之更加通顺合理。每部分内容之间是不是很生硬？每一次的提醒，都有助于学生在关注文章主体之余，也注意了段与段之间的衔接。

（4）拿捏到位，关注个性差异。

三年级的学生已经有了一定的阅读分析能力，阅读课本中提供的资料学生不会感到困难。但是，让学生从这些资料中选取有用的有机融合起来却有一定难度。更何况，由于个性的差异，学生对于完成习作的质量也有所不同。本篇设计在关注个性差异方面做得很到位。

在交流素材时，教师能做到根据学生的年龄特征、智力发展规律，由易到难，由浅入深，循序渐进地进行交流，让学生对于本次习作的要求有了层层的理解。教者所提出的问题也是有层次的。既有交流"来历、风俗"等规定动作，也有"你还搜集到了哪些资料"这样拓展性的问题。

另外，教师让学生以小组为单位，交流例文，形成大家的共进退。

3.《用卡通人物编故事》教学实录。

【教学理念】

（1）学生是学习的主人，教学是师生平等对话的过程。教师应尊重学生的个体差异，鼓励学生用自己的方式进行表达，"我手写我心"。

（2）学生的习作是群体境遇下的习作，教学要充分关注学生之间的互帮互助，互评互改，在习作交往的过程中体会到习作的乐趣，感受到进步的快乐。

（3）习作是儿童的习作，教学过程关注儿童习作思维、儿童习作心理，给予学生充分自主的同时，在学生需要时适时给予帮助。

【教学目标】

（1）展开想象，选择一两位自己喜爱的卡通人物或自己设计的卡通人物编一个故事，把故事情节说完整。

（2）激发学生创编故事的兴趣，培养学生的想象力和表达能力。

（3）通过讲评，指导学生围绕习作要求自评自改、互评互改，把故事编得有趣、完整，激发学生乐于表达，愿意与同伴分享兴趣，感受到习作的乐趣。

【教学重点】

学生能大胆想象，乐于表达交流。

【教学难点】

学生能具体描写，把故事写生动。

【教学准备】

多媒体课件

【教学过程】

（1）导入新课。

1）明确写作任务。

师：今天我们上一节作文课，来，读一下题目。

（生齐读习作题目）

师：读题目，你就知道这次习作的要求了，是什么？

生：用卡通人物编故事。

2）理解编写故事。

师：卡通人物，大家都不陌生吧？老师这有一个卡通人物，（出示孙悟空的卡通图片）他是谁？

生：孙悟空。

师：我这还有他的几个故事。（出示：《孙悟空三打白骨精》《孙悟空大闹天宫》《爱玩手机的孙大圣》《孙悟空参加奥运会》）你认为哪几个属于编故事？

生：《爱玩手机的孙大圣》和《孙悟空参加奥运会》。

师：理由是什么？

生：书上的孙大圣是没有手机的。

生：这是生活在现代社会的孙大圣。

生：孙悟空是神话故事里的人物，不可能参加现实生活中的奥运会。

师：最关键的是《孙悟空三打白骨精》和《孙悟空大闹天宫》这两个故事是我们之前早就知道的，而后两个呢？

生：从来没有听过和看过。

师：现在你一定知道什么叫编故事了。

生：通过想象编一个与我们看过的或者听过的不一样的故事。

师：原来，写一个与之前书上或电视上看到的不一样的故事，就叫编故事。如果让你用一个卡通人物编一个故事，你打算编谁？

生：猪八戒骑车。

生：猪八戒学做饭。

师：咱们的思维可以再发散点。

生：孙悟空打电脑。

生：喜洋洋和比卡丘大战灰太狼。

生：哆啦A梦谈灰太狼手工制作。

师：这样的故事一听题目就觉得很有趣。

（2）例文引路。

1）出示学生例文。

师：想不想把自己刚才说的这些故事编得好玩、有趣？

生：想。

师：你有什么让故事好玩、有趣的办法和大家分享的呢？

生：把人物的动作、表情和语言都加上去。

师：有个小朋友给出了用卡通人物编故事的方法。想学学吗？

出示例文：

早上起床，猪八戒忙着穿妈妈给他买的新裤子。好不容易穿好了，他刚想迈开步子，却一下子摔了个"狗啃泥"。原来，他将两条腿穿进了一条裤腿里。到了教室，组长开始收作业本了。猪八戒在书包里翻了半天都没找到作业本，急得满头大汗。"组长，"八戒右手抓着头，巴巴地看着组长说，"我把作业本丢家里了。""唉，真不知道你这脑子带着还有什么用，每次收你作业都这样！"组长气呼呼地走了。数学课，老师让八戒计算"7×8="。八戒走到黑板前随手写下大大的"65"后就往座位上跑。身后却传来了老师愤怒的声音："八——戒——"

2）明确素材搜集。

师：这个故事好玩吗？这是一位怎样的猪八戒？

生：非常粗心的猪八戒。

师：从哪些事情可以看出来？

生：穿错裤子。

生：丢作业本。

生：写错数字。

师：你平时有没有把衣服穿错过？你有没有忘记过带东西？你做数学作业时，有没有把数字写错过？能举几个例子来说说吗？

生：那次早上我想多睡一会，结果起床时因为太着急了，竟然将纽扣扣错了。结果到了学校，还是在老师的提醒下才发现的。

师：你看看，这一睡懒觉就闹出笑话了。

生：我做数学作业的时候也经常这样，明明在草稿纸上算正确了，但誊写到作业本上时，就把数字写颠倒了，经常被数学老师批评。

师：看你脑门皱这么紧，就知道你没少挨批呀，赶紧努力改正这缺点。

生：嗯。

生：昨天，我还把作业本丢家里了。等交作业时才发现，害得我妈妈从家里给我送来。

师：突然间，你会发现，原来，用卡通人物编故事的内容，（板书：内容）其实都是谁身上发生的？

生：我们自己身上发生过的事情。

师：对呀！只要把发生在自己或他人身上的一些事情，放到这些卡通人物身上，故事就会变得好玩，有意思。（板书：身边事）

3）习得写作方法。

师：（出示思维导图）

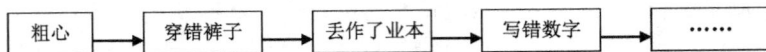

```
粗心 → 穿错裤子 → 丢作了业本 → 写错数字 → ……
```

我们来看这幅图，刚才的故事围绕粗心写了猪八戒起床时穿错裤子，到校时丢了作业本，上课时写错数字三个小故事，除了这些，猪八戒还会在什么时间干什么事的时候粗心呢？

生：上学忘记戴红领巾。

生：早上起床衣服扣子扣错了。

生：外出旅游时忘记带钱。

师：如果把大家刚才说的几件事情写下来，组合在一起，是不是也能写一篇卡通人物故事了？

生：能。

师：说了这么多，你肯定又发现了编写故事的方法。（板书：方法）

生：把一个卡通人物，放在不同的地方，或者不同的时间，所发生的相似的事情一个一个写出来，然后组合在一起。

师：像这样，把一个卡通人物经历的相似的几件事情，串联在一起。这样的写法叫什么？如果你能总结出来，我就以你的名字来命名这种方法。

生：故事合并法。

师：有点像了。

生：故事串联法。

师：好方法。大家平时喜欢吃羊肉串吗？

生：喜欢。

师：那我们就可以把刚才的写法叫——

生：羊肉串法。

师：（板书：羊肉串法）这样的写法简单吗？如果现在让你写"爱玩手机的孙大圣"，你可以选择哪些不同的时间来写他爱玩游戏？比如，我说他早上玩手机，你就可以接着说——

生：中午玩。

生：晚上玩。

师：我说他吃饭的时候玩，你还可以接着说——

生：睡觉时玩。

生：上厕所时玩。

师：你还可以选择不同的地点来写他爱玩游戏。比如，我说他在家里玩，你接着说——

生：在学校里玩。

生：在公园里玩。

师：这些小故事串联起来之后，一个怎样的孙大圣就出现在我们的眼前了？

生：爱玩游戏的孙大圣。

师："羊肉串法"只是一种整体构思的写作方法，上面的肉块越多，故事就越丰富。对了，羊肉串好吃吗？

生：好吃。

师：你觉得它为什么那么好吃？

生：因为上面撒了许多调料。

师：那我们用羊肉串法写出的卡通人物故事，在每个小故事里加上什么作料，才能让整个故事更加好玩，更加有趣，更有味道呢？

生：应该要加上人物的语言、动作、神态，这样可以让故事更加有意思。

师：说得很有道理。我们来看看刚才的故事。（出示："组长，"八戒右手抓着头，眼巴巴地看着组长说，"我把作业本丢家里了。"）这里面的"组长"加了双引号写的是猪八戒的——

生：语言。

师："右手抓头"呢？

生：动作。

师："眼巴巴"呢？

生：神态。

师：也就是说，要在小故事里加上人物的——

生：语言、动作、神态。

师：当然在写的时候，这三种作料不一定全用，你可以根据自己的需要来选择一到两三个。（适时板书：语言、动作、神态）

（3）学生练笔。

1）出示习作要求。

师：上面的写作方法是不是一学就会？

生：是。

师：咱们练一练好不好？

生：好。

师：（出示习作要求）请看习作要求：（1）选择一个卡通人物编几个小故事，然后串联在一起写一段话。（2）结合自己的生活经历，用"羊肉串法"编故事，根据需要在每个小故事中加入人物的语言、动作和神态。总之要写得让读者觉得好玩、有意思。（3）时间为12分钟。

师：知道怎么写了吗？

生：知道。

师：只写——

生：一段话。

师：方法是——

生：羊肉串法。

师：用上这方法的目的是让——

生：读者觉得好玩、有意思。

师：时间是——

生：12分钟。

师：准备好了吗？那就开始！

2）学生自由习作。

师：写字的时候，最要紧的是坐姿要端正。我觉得第一组的同学坐姿就比较好，应该表扬。（学生自由习作，教师巡视指导）

师：写好的同学，请你举起你的左手，然后带着欣赏态度默读自己的习作，如果你自己都不欣赏自己的作品，又怎么能指望别人欣赏你的呢？而你的右手干什么呢？当然是用来根据读的情况，修改自己的习作。

（4）交流点评。

1）出示评价标准。

师：下面，我们就来品尝一下各位大厨精心制作出来的烤羊肉串。谁第一个展示自己的厨艺？

师：我们先来品尝一位女大厨的。

师：（跟上台的学生说）教给你们一个秘诀，文章是三分写，七分读，读得好，会给文章增色不少。所以，你现在就可以酝酿一下，争取把你的文章读得好玩、有趣。

（生点头）

师：下面的同学做什么？

生：听他读。

师：当吃货，要当一名合格的吃货。怎样当一个合格的吃货呢？我来给出标准。希望大家一边对照评价表，一边竖起耳朵认真听，争取当一个合格的吃货。

（出示评价表，见表2）

表2　评价表

评价内容	星级	自我评价
小故事一	★	
小故事二	★	
小故事三	★	
语言	★	
动作	★	
神态	★	

师：能看明白吗？说说看。

生：习作里要有几个小故事，有一个小故事就得一颗星。习作中写到语言、动作、神态的话，有一项就得一颗星。

师：你已经是一名合格的吃货了。

2）习作展示点评。

（学生读自己的习作）

师：听出来，这是一位怎样的孙悟空？

生：胆子很小的孙悟空。

师：分别写了哪几个小故事？

生：晚上在外面走路和人家放鞭炮都能把他吓着。

师：这孙悟空也真是的，竟然这么胆小。如果让你给他习作打星，你给几颗？能说说你的理由吗？

生：我给她五颗星。因为她将两个小故事一个一个串联起来。

师：嗯，羊肉串成功了，有作料吗？

生：有，有语言、动作、神态描写。

师：如果提建议，你会提什么建议？

生：可以再写一个或者几个小故事，并且把故事编得再好玩一点。

师：很好的建议。（转身问展示的学生）你能修改好吗？

生：能。

师：很好，我觉得我们应该把掌声送给她，不仅因为她的习作得了五颗星，更因为她这么自信！我想问问诸位吃货，你的习作能得几颗星？

生：我能得四颗星。

生：我算了一下，我也能得五颗星。

生：我的比较少，只得了三颗星。但我如果修改一下的话，能得六颗星。

师：都想得六颗星吧？

生：想。

师：那就给你们3分钟时间修改。我们不仅可以当一名合格的吃货，更应该当一名优秀的大厨。

（5）总结提升。

1）指导学生拟题。

师：这节课，我们就写了一小段。课后，咱们在这个小段的前后，加上开头和结尾，就是一篇很好的习作了。

师：那么，你写出的作文题目就写成"用卡通人物编故事"好不好？

生：不好。

师：那可以是什么？就比如刚才写孙悟空胆子小的那篇习作，可以起个什么题目？

生：胆小的孙悟空。

生：我觉得起个"胆小的孙大圣"更好。这样的话，"小"和"大"形成了对比，题目也好玩一点，更能吸引人。

师：对！题目，就是文章的眼睛。一双美丽、动人的眼睛，能帮助你的习作吸引更多的读者。所以，以后写作文，一定要给你的作文加一个好玩、有意思的题目。

2）内化习作方法。

师：通过今天的学习，你知道用卡通人物编故事的内容从哪里来？

生：发生在我们自己身上的事。

师：采用什么样的方法写？

生：羊肉串法。

师：要想自己的故事更加好玩有趣，里面应该加进去什么？

生：人物的动作、神态、语言、心理。

师：这些习作方法你都记住了吗？

生：记住了。

师：会用了吗？

生：会。

师：听到大家这么整齐的回答，我内心非常激动，此时此刻，我想吟诗一首，与大家分享。愿意吗？

生：愿意。

师：那就让我们一起吟诵起来——

故事编写不要慌，内容就在我身上。整体构思有技巧，羊肉串法来帮忙。要想故事更生动——

师：怎么办？

生：语言动神不能忘！

【板书设计】

用卡通人物编故事

内容：身边事

方法：羊肉串 ｛ 语言 动作 神态

4.《习作6》课堂实录。

【设计理念】

写作能力是语文素养的综合体现。写作教学应贴近学生生活实际，让学生易于动笔，乐于表达，引导学生关注现实，热爱生活，积极向上，表达真情实感。

【教学目标】

（1）引导学生仔细观察图画，阅读四个问题，明确习作要求。

（2）围绕提供的一个话题组织讨论，各人发表自己的看法。

（3）通过仔细观察和分享交流，体会到看待一件事情要有两面性的道理，帮助学生树立正确的价值观，并有条理地写下自己的感受。

【教学重点】

引导学生发表自己的看法。

【教学难点】

整合他人观点，结合自己的认识，并且有条理地写下来。

【教学准备】

多媒体课件。

【教学过程】

（1）创设情境，激趣导入。

师：同学们，生活是丰富多彩的，生活中有许多令我们感兴趣的话题，你在近期的报纸、电视上看到了哪些值得关注的问题？

生：老人倒地该不该扶？

师：那你认为该不该扶呢？

生：我以前觉得老人跌到了，我们应该去扶，帮助老人是中华民族的传统美德。但是看了新闻上有人好心地扶了老人后，还被老人诬陷是撞倒他的人，我就有些不确定了。

师：你的担忧是存在的。那么老师认为如果以后遇到这种事，还是要去扶老人的，尊老敬老是我们民族的传统美德，不能因为几个反面事例就不去扶跌倒的老人，应该一如既往地发扬中华民族的传统美德。当然，也要注意保护自己。还有没有其他值得关注的话题？

生：我在报纸上看到，有些地方的小学生因成绩差被要求佩戴绿领巾。我个人觉得这是不好的。

师：嗯，到底该不该给所谓的"差生"佩戴绿领巾呢？你认为不该，为什么呢？

生：我觉得如果我自己因为成绩差戴上了绿领巾，其他同学一定会嘲笑我，用异样的眼光看着我，这样我就不想上学了。

师：很好，你会转换角色思考这个问题。老师也认为不该给学生佩戴绿领巾，这会对学生的心理造成极大的伤害。好，那么社会上还有很多值得我们关注的话题，课后有兴趣的同学可以继续搜集。翻开书，书上给我们罗列了四个非常值得关注的问题，自己读一读，看看你对哪个话题最感兴趣？

生自由朗读。

（2）审清题意，明确要求。

师：请四位同学分别朗读这四个问题，其他同学认真倾听。(教师出示话题，指名朗读)

1）有一位农民种了大片的玉米。玉米成熟了，被野猪吃了不少。过去野猪一来，可以用猎枪打，现在有了《野生动物保护法》，打不得了。你不打它，它就糟蹋庄稼，为此农民叫苦不迭。

2）有人说，电池不能乱扔，它会严重污染环境。某同学却不理会，还说："大家不都乱扔吗，也没有见有多大的危害。"

3）某同学读了《水浒传》里武松打虎的故事后，提出自己的看法。他认为武松打虎是不爱护野生动物，因此武松称不上英雄。你认为呢？

4）据报道，"非典"病毒的蔓延是人类食用野生动物引起的。你对这个问题有什么想法？

师：听完同学们的朗读后，谁能总结出题目的要求呢？

生：只需要选择一个自己感兴趣的问题进行讨论。

生：可以和同学一起讨论，可以和老师一起讨论，也可以和家长一起讨论，也可以留心相关媒体，听一听他人对这个问题的看法。

师：阅读很仔细，这个问题我们可以跟很多人讨论，不仅仅是和自己同学讨论。除了讨论，我们还可以搜集相关资料，看一看社会媒体对这些问题的看法。这也表明我们在完成这篇习作时可以——

生：我们完成这篇习作时，可以整合他人的观点，并结合自己的认识。

师：同学们总结得很棒！把这些同学的回答结合起来，就是我们这篇习作的题目要求。即选择一个自己感兴趣的问题进行阐述。可以和同学、老师、家长一起讨论，也可以留心相关媒体，倾听他人对这个问题的看法。整合他人观点，结合自己的认识，题目自拟，独立完成一篇习作。

（3）质疑解惑，交流理解。

师：（出示讨论话题）同学们，这四个话题，有的是广播、电视、报纸等媒体上曾经报道过的消息，有的是生活中人们常见的事情，都是一些与人们的生活、观念、行为、习惯等有紧密联系的内容，这些话题值得人们关注。接下来，按照我们课前分好的小组，每个小组选择一个问题，在组内进行讨论交流。同时，每个小组选择一位记录员，将小组成员的看法记录下来。

（组长组织讨论）

师：好，看同学们讨论得这么激烈，教师都不忍心打断你们，但是由于时间关系，我们的讨论到此结束。接下来哪个小组代表愿意上台分享你们小组的看法？好，大家鼓掌欢迎！

生：我们小组讨论的是话题二："电池可以乱扔吗？"我们小组成员都认为电池不可以乱扔。为什么呢？通过查阅资料，我们知道如果一节一号电池在地里腐烂，它的有毒物质能使一平方米的土地失去使用价值；扔一粒纽扣电池进水里，它其中所含的有毒物质会造成60万升水体的污染，相当于一个人一生的用水量；废旧电池中含有多种重金属，其中镉、铅、汞是对人体危害较大的物质。废旧电池渗出的重金属会造成江、河、湖、海等水体的污染，危及水生物的生存和水资源的利用，间接威胁人类的健康。废酸、废碱等电解质溶液可能污染土地，使土地酸化和盐碱化，这就如同埋在我们身边的一颗定时炸弹。所以我们小组认为电池不可以乱扔！

师：这个小组讨论的话题是电池可以乱扔吗？他们小组代表整合资料，结合小组成员的观点，列举出乱扔电池的种种危害，不仅仅会污染土地、水资源，更是埋在我们身边的一颗定时炸弹，会威胁到人类的健康。那么也讨论这个话题的其他小组有不同意见呢？

生：没有。

师：是的，我们要保护环境，保护我们美丽的家园，不能乱扔电池！还有没有讨论其他话题的小组？

生：我们小组讨论的是话题三：武松是不是英雄？我们小组最后讨论出的结果是：我们认为武松是那个时代的英雄。因为他并不处于我们现在这个时代，那个时候也没有颁布什么《野生动物保护法》，老虎多的是，而且还常常吃人呢。被武松打死的那只老虎，就不知道吃掉了多少经过景阳冈的人，造成了无数家庭家破人亡、妻离子散，闹得方圆百里的人们惶惶不可终日。所以当饿虎扑向武松时，他奋力打死老虎，为人民铲除了一大祸害，怎能不算英雄呢？综上，我们小组认为武松是英雄。

师：这个小组讨论的话题是武松是不是英雄。他们小组辩证地看待这个问题，认为在武松的那个时代，武松为民除害，是一个英雄。那么如今老虎的生存环境越来越差，数量也已经大大减少，人们意识到保护生态平衡的重要性，所以国家颁布了《野生动物保护法》，老虎也在受保护之列。所以武松是一个英雄，是他所处的那个时代的大英雄。那个时代与如今颁布《野生动物保护条例》的时代完全不同，二者不可相提并论。由于时间关系，有关其他的两个话题，同学们可以课后再继续和同学、家长讨论。

（4）独立作文，妙笔生花。

师：那么有个小朋友就把自己感兴趣的话题写了下来，请同学们注意看，你受到了什么启示？（ppt出示《武松是不是"英雄"》，学生朗读）

武松是不是"英雄"

《水浒传》中"武松打虎"的故事可以说是妇孺皆知、无人不晓。武松在景阳冈赤手空拳打死恶虎，为民除了一害，成了家喻户晓的"英雄"。可是如今却有同学提出了不同的看法——武松打虎是不爱护野生动物的行为，他还能称得上英雄吗？对此，我想谈谈自己的观点。

武松究竟是不是英雄？我的回答是肯定的。因为他并不处于我们现在这个时代，那年头也没颁布什么《野生动物保护法》，老虎嘛，多的是，而且还常常吃人呢。被武松打死的那只老虎，就不知吃掉了多少经过景阳冈路口的人，造成了无数家庭家破人亡、妻离子散，闹得方圆百里的人们惶惶不可终日。所以，当恶虎扑向武松时,他奋力打死老虎,为人们铲除了一大祸害,怎能不算英雄呢?

可是,如今老虎的生存环境越来越差,数量也已大大减少,人们意识到保护生态平衡的重要性,所以国家颁布了《野生动物保护法》,老虎也在受保护之列。在这种情况下,武松该如何对待猛虎,就值得考虑一番了。依我看,面对老虎凶猛的攻击,自卫当然是必要的,但不要一下子置它于死地,好歹还给它留条活路。或者想法子脱身,再大声向别人求救。现在制服猛兽不是常用麻醉枪吗,这也是个很好的办法。而有的人为了经济利益,为了得到老虎的皮毛而故意猎杀它们,那就是违法行为了,理当严惩! 其实,现在的老虎已经很难有机会像当年在景阳冈那样逍遥自在地伤人了,"武松打虎"这一幕如今也不太可能发生了。国家还为老虎等动物建立了野生动物自然保护区呢,就是为了给它们一个好的生存环境,做到人与动物友好和谐地相处。

最后,我要再次申明我的观点:武松是一个英雄,是他所处的那个时代的大英雄。那个时代与如今颁布《野生动物保护条例》的时代完全不同,二者不可相提并论。

师:听了他的习作,你们明白了他的观点了吗? 你们有什么想法或者建议呢?

生:这个小朋友对于这个话题的观点是和我们小组一样的,认为武松是他所处的那个时代的大英雄。

生:这个小朋友能够结合时代背景来看待这个问题,我觉得很好。

生:我也同意这个小朋友的观点,武松是那个时代的英雄。而如今老虎变得越来越少,我认为必须一起保护环境,让野生动物不再消失。因为保护野生动物,保护环境,人人有责。

师:这几位同学讲得都非常好,能够结合自己的认识,认真思考这个问题,学会辩证地看待这个问题,并提出相关建议。讨论到现在,相信同学们一定有许多话要表达,快快拿起笔来,把自己想说的话快速写下来。写的时候,老师给你们一些温馨提示,也许对你会有所帮助。

出示习作要求:

1)按一定顺序写,观点明确。

2)做到有详有略,重点突出。

3)要正确运用别人的语言(说话的内容或各种文字材料中含有别人的看法)。给予学生15分钟的习作时间,让学生独立完成习作。

(5)互赏互议,交流小结。

师:好,同学们,习作时间已经到了。请同学们停下笔,放声读自己的作文。读的时候，想想句子是否通顺，并对照习作要求，看看有没有疏漏的地方。

学生自读自改。

师：接下来的时间谁愿意将自己的习作读给大家听？（跟上台的同学说）教给你们一个秘诀，所谓三分文章七分读，意思是说读得好，会给文章增色不少。所以，你现在就可以酝酿一下，争取把你的文章读得让别人一听就清楚。明白吗？

师：其他同学，你们现在就是小评委，为了让大家能做一个合格的评委，我给了一个标准。希望大家一边对照评价表，一边认真听。好，现在开始。

学生读自己的习作。

师：他介绍清楚自己的观点了吗？

生：介绍清楚了。他认为野猪打不得。他认为即使野猪破坏了庄稼，也不能捕杀它们。因为大自然是美妙、丰富的，动物是人类拥有的至宝，我们不能因为野生动物犯了一点错误，就大肆捕杀。

生：他不仅介绍清楚了自己的观点，还搜集了相关资料佐证自己的观点。

生：他介绍清楚了自己的观点，但是我觉得他写的材料有点儿多，有些材料可以少写些。

师：你说得很好，如果我们写作时把所有的材料都往里面填充就显得没有重点，所以选择材料时要有说服力，要详略得当！（对台上的学生说）听了大家提的那么多好的建议，我相信你修改后一定会写得更精彩！相信你一定也从大家的发言中受到了许多启发。现在就请大家再来读读自己的习作，看看能不能表达得更清楚、有条理。（学生自改习作，教师巡视指导）

师：回家后，请同学们和家长一起讨论讨论对于你自己感兴趣的问题的看法，通过多种途径搜集相关资料，充实自己的习作内容。写作时要能够清楚地写下自己的观点，做到详略得当，能够具体明确、文从字顺地表达出自己的思想。今天的课就到这里结束了，下课。

【板书设计】

习作6

是什么？

为什么？

怎么做？

辩证地看待一个问题

第三章　写出精彩

——高年级习作教学的突围与实践

第一节　理念突围

一、以细节描写为突破，让高年级小练笔绽放新精彩

1.缘起：咬住"细节"不放松，立根原在"练笔"中。

笔者经常参与小升初作文评分。在评阅时，笔者发现一个学生在描写我的同学的肖像时，居然这样描写自己的同学："我的同学长着一双大大的眼睛，一双大大的耳朵，一个大大的嘴巴。"一个六年级的学生，缺乏基本的遣词造句的能力，缺乏细致的观察能力让人哑然。

纵观小学生作文之现状，有喜有忧，喜忧参半。以去年某校期末自查五年级语文试卷作文题《我敬佩的一个人》为样本，笔者抽取45份样卷，统计如下（见表1）。

表1　《我敬佩的一个人》样卷情况统计表

项目＼等次	优秀	良好	合格	待合格
外貌描写细节	9人	11人	9人	16人
	20%	24%	20%	36%
神态描写细节	11人	13人	8人	13人
	24%	29%	18%	29%
动作描写细节	12人	10人	9人	14人
	27%	22%	20%	31%

从表1不难看出，学生对基本的细节描写把握不准。以动作描写细节为例，合格和待合格的占51%，优秀和良好占49%。因此，对细节描写亟待加强训练，在循序渐进中逐步提高。只有早起步，早得法，才能提高表达能力，提高习作

水平。

笔者认为，细节描写是构成一篇习作核心的关键，唯有细节方能引爆全篇。在小学阶段，以小练笔为蓝本，进行人物肖像、动作、神态等细节练习是学会习作的不二法门。

2.实践：细节为本，细中学，循序渐进勤练笔。

杠杆原理告诉我们，支点是杠杆发挥作用的关键。找准了支点，能够四两拨千斤；找不到支点，则事倍功半。同样的道理，小练笔也是有支点可寻的。在小练笔的过程中，描写生活中那些不经意的细节，绽放新的精彩就是一种"杠杆现象"。

巴尔扎克曾说，唯有细节将组成作品的价值。成功的细节描写可以渲染气氛，可以深化主旨，使文章约人物形象更丰满，内容更具体。

在指导学生学习写细节时，笔者力求让学校生活情境重现课堂，让学生在轻松愉悦的情境中认识细节，学习细节，尝试写细节，体验写细节的乐趣。

（1）依托手机视频功能，在观察中认识细节。

理解"细节"不是向学生讲名词术语，而是根据学生形象思维的特点，让学生从学校生活情境中获得感性的认识。

一节习作指导课，教师让五年级三班的学生写《愉快的大课间》。同学们一开始叽叽喳喳，兴奋得很，可动起笔来，又不知从何处着手。执教老师打开电脑中早已准备好的《愉快的大课间》视频，同学们像炸了锅一样再次沸腾起来。教师先让孩子们整体观察整个运动场，指导他们从整个运动场开始描写，然后选取自己感兴趣的活动来写。在写自己喜欢的活动时，充分利用多媒体播放器的"暂停""慢镜头"，让他们一步一步地观察活动的细节，让他们先说后练。说完之后，孩子们动起笔来，如源头活水，一气呵成。

以下是师生课堂对话片段：

师：这是同学们跳绳的一个场景，大家观察一下，看看有什么新发现？

生：我发现王某某跳绳的时候张开嘴巴，她的辫子一甩一甩的。

师：你观察得真仔细，连她的辫子也观察到了。大家想象一下，她的辫子一甩一甩，像什么？

生：她的辫子一甩一甩，像两只蝴蝶。

生：她的辫子一甩一甩，像两条鱼缸里的金鱼。

生：她的辫子一甩一甩，像两只小松鼠。

师：同学们，你们不但把观察到的说了出来，还把想到的也说出来了，真会观察，会想象。大家再仔细看，还发现什么？

生：我发现，不，我听到了老师在数数："……100、101、102、103……"

师：是呀，你把自己听到的说了出来。

生：我听到了绳子"呼、呼、呼"的响声。

生：我听到了许多同学大声喊加油的声音。

师：是呀，老师也听到了。看来，我们在写跳绳的时候不但要写看到的，听到的，还要写想到的。

写好细节的关键在于观察，只有善于观察，用心体验生活，才能获得属于自己的细节，才能写出生活的原汁原味。观察是描写的前提，描写是观察的结果再次呈现，只有做到了明察秋毫的观察，才能产生描写的人和事，才能恰如其分地将细节呈现在读者的眼前，才能让读者产生身临其境之感。只有坚持观察与说相结合，说与写相结合，学生们对细节的概念才由模糊逐渐走向清晰。

（2）依托课本经典片段，在吟诵中欣赏细节。

相信读过《天游峰的扫路人》一文的读者，不会忘记描写扫路人外貌的两个经典片段：

他身穿一套褪色的衣服，足蹬一双棕色的运动鞋……

借着淡淡的星光，我仔细打量了他：瘦削的脸，面色黝黑，淡淡的眉毛下，一双慈善的眼睛炯炯有神。

类似这样的经典片段，在语文课本中比比皆是。《船长》一文中描写船长面对危险发布命令的片段，《姥姥的剪纸》一文中姥姥剪纸的片段，《理想的风筝》一文中描写刘老师放风筝的片段等都堪称经典。

每当学生都能背诵这些经典片段后，教师就可以通过举行细节经典吟诵课活动，让学生们有滋有味地诵读细节，原本灵动的文字被充分激活，在记忆的仓库留下烙印。同学们在吟诵中反复品味揣摩，细节的种子在学生们的心田已悄然埋下。

（3）依托文本精彩的片段，在模仿中学习写细节。

现行的苏教版语文课本中不乏精彩的细节描写，如《天火之谜》一文中富兰克林进行"风筝实验"时的动作细节、《郑成功》一文中战争场面的细节描写、《夹竹桃》中的作者想象的变化细节等精彩纷呈。依托文本中的细节片段，引导学生在模仿中学习写细节不失为一个好办法。

六年级上册《爱之链》中描写乔依为老妇人修车的细节深受学生的喜爱。这篇课文不仅教会了学生观察人物的动作，还从人物的动作中看出了人物做事情的专注。蓦然心动的细节悄然走进了孩子们的心中，孩子们茅塞顿开，原来细节是这样炼成的。

教师教这一段时可以引导学生先读懂这个细节，然后让他们模仿文本写一个学生专心致志地看课外书的情境。文本的引导擦亮了学生们的慧眼，点燃了学生们观察细节的热情。

（4）依托丰富多彩的生活，在常态中练习写细节。

细节描写是对表现人物有特殊作用的细小动作、神情以及物件、景色的具体细致的描写。每天的生活中，总会有这样那样的细节与我们擦肩而过。一个关爱的眼神，一句温馨的话语，一个不经意的转身，这些本身就是细节。越是细小的场景越能触动人们的心弦。

每当我们的教师和孩子们发现有趣的事，教师应该及时建议学生写下来，字数不定，只要肯动笔就是生活的有心人。语文教师要把细节描写纳入常态化工作，学生一周交一篇小练笔，小练笔的素材可以原创，可以从本周学过的课文中找范本，可以从课外阅读的文本中找范本。因为小练笔起步小，学生无畏惧感，不是想到什么写什么，而是看到什么写什么或者依托什么范本写什么。教师要常常引导学生写当天发生的人物和事情。如开学第一天，重点写新同学或新老师的外貌；发新书时重点写发新书那一刻的同学们翻开书的动作；发新校服时就重点写发校服时同学们的语言，试穿校服的动作；打预防针时重点写一个同学坚强或者胆怯的心理活动；家长为某某送书来了，就写某某拿到书本那一刻的动作和神态。另外还可以写某某同学上课时偷偷摸摸看课外书的神态，某某没戴红领巾被老师批评了那委屈难过的样子等。

让细节描写常态化，链接课内课外。链接阅读与练笔是语文习作教学的必做功课，谁赢得了"细节描写"教学，谁就赢得了习作教学。

（5）依托生生欣赏、修改，在互动中不断切磋进步。

"横看成岭侧成峰，远近高低各不同。"篇篇练笔，各有精妙之处，各有闪光之点，各有传神之处：或文笔含情，贴心暖人；或情节跌宕，扣人心弦；或用词造句，一语惊人……教师要引导学生自行选择伙伴进行欣赏、修改、交流，找出练笔中值得学习的佳句，哪怕是一个词、一个标点，也可以用波浪线画下来，不吝啬自己的赞美语言，写出自己的感受和启发。

生生互动，互相欣赏，互相修改，才能使他们有被同伴欣赏的"知音"之感，架起师生、生生相通的桥梁。让小练笔的评语流动起来，使其不再是教师一人之下的一口井水，而好像是汇聚了江河湖泊里的鲜活的水。无疑，培根说：

"欣赏者眼中有朝霞、露珠和常年盛开的花朵，漠视者冰洁心诚，四海枯竭，丛山荒芜。"这在学生的小练笔本上，会增添一道亮丽的风景线。

学生们描写细节的小练笔交上来后，笔者常常采用生生欣赏、修改和点评相结合的方法进行。生生欣赏、修改以谁的细节描写生动为准绳，写不好不挖苦，写得好表扬加分。

叶圣陶先生说："批改不是挑剔，要多鼓励，多指出优点，此意甚好。"的确，教育的艺术，说到底是一门鼓励的艺术。每个学生都希望在自己辛苦努力后得到肯定，教师对学生的肯定评价形成了期待效应，从而激发了学生练笔的欲望，树立写好作文的信心。

无数事实告诉我们，在小学阶段指导学生写好细节，可以使学生的作文内容更丰富，形象更丰满，与发展等级的距离更近些。善于用细节传达真情，是作文的真谛。

3.反思：且练且思且帮扶，锦绣文章会有时。

练笔虽小，但蕴藏着大学问。读和写是个互逆的过程。它们之间既相对独立，又密切联系。读是理解吸收，写是理解表达。有理解性的吸收，才会有理解性的表达，反之，表达能力强了，又促进理解吸收能力的提高。

课堂上进行小练笔，除了以上的具体操作外，还要注意三个方面：

（1）处理好一个关系。

正确处理好细节描写的内容和形式的关系，两者不可偏废。对细节描写的要求要恰当，练笔宜"小"。篇幅小，口子小，要求单一，易写易改。对细节描写的内容要求真实，源于生活，高于生活。反对把小练笔写成大作文，提倡要有小练笔的训练系统，不要零敲碎击。每项训练都包括"读懂文本—渗透细节写作知识—分析细节的表达方法—迁移训练"几个过程。

（2）安排好每一篇课文的练笔时间。

小练笔一般要求在堂上完成，切忌加重学生课外负担。因此，作为一名语文教师要想方设法提高课堂教学的实效性。上课时应避免过于饱和，宜保证一篇课文授完后留有五至十分钟让学生在课堂上自主练笔，互相欣赏，互相评点。

（3）帮扶好一些学生。

学生之间存在着个性差异，这直接影响着他们的练笔兴趣。作为一名语文教师，我们应该是这种差异的调查者与协调者。有时候，我们在课堂上练笔，发现直至下课，有的学生连一个字也没有写。这时，教师要设身处地地多站在学生的角度去思考，及时调整自己，春风化雨，不厌其烦，静静等待，方能保持学生练笔的积极性。对他们的练笔要多面批，多指导，多表扬。不同阶段的学生，特别要注意纵向的比较。引导学生在和自己过去的练笔比较中看到进步，树立起自己的信心。试想一下，学生连小练笔都无动于衷，又怎能写好作文呢？

4.结语。

以细节描写为支点，鼓励学生依托生活、依托范本进行练笔，如此才会让学生常写常新。在细节描写基础上，教师要鼓励学生尝试将细节运用到习作中，毕竟，提升习作的质量是我们不懈的追求。

学生们缤纷多彩的练笔如同一架古筝，当你轻轻地触动琴弦，总会发出叮咚叮咚的旋律。我相信，只要以细节练习为支点，指导学生在模仿中学习写细节，在常态中练习写细节，在生生互动中多交流，学生的小练笔就会绽放出新的精彩。

二、观照单元整体，提升习作水平——以五年级下册第四单元整体教学设计为例

阅读是写作的基础，写作则是阅读的内化。而在读写结合中，常存在着读写分离、重读轻写、读写机械等弊端，学生感到作文越来越深不可测。而从作文的要求着眼，再从单元整体阅读中获取写好文章的技能技巧，学生在写作时便有了抓手。向读学写，让单元整体教学更彰显魅力。

1.读写现状，探寻策略。

叶圣陶老先生曾在《兼论读和写的关系》中指出："语文包括阅读和写作两个方面，读写结合是提高阅读能力和写作能力的根本方法。"阅读是写作的基础，写作则是阅读的内化。而当前的读与写仍存在着一定误区。

（1）读写分离。

在日常教学中，我们经常发现读写分离的现象。其主要原因在于部分教师仍然把阅读课和写作课当成两种完全独立的课型来定位，尤其体现在指导单元习作时不与单元文本勾连。单元习作虽然是写作最直接的训练阵地，虽然在教材编排上独立，但必须将读与写糅合起来，寻找两者间的联系。

（2）重读轻写。

读写重要性越来越受到关注，但有不少老师仍是重读轻写。在一些老师看来，理清了文章结构，领悟了作者的思想感情，就完成了教学任务，因此在阅读中很少渗透写作的方法，很少关注文本中的语用点。并且，教师备课时总是先关

注课文，再关注作文，这样的弊端是让学生感到作文越来越深不可测。

（3）读写机械。

读写结合的方法有很多，从微观层面，可利用文本空白处进行想象描写，或对优美语句进行仿写，或对故事情节进行续写等；从宏观层面来看，学完一篇文章，可仿照整篇文章的结构、表达特色进行仿写。读与写虽紧密地结合在一起，但结合得过于紧密，易导致写作方法的单一化、教条化、机械化。

因此，为避免读写分离、重读轻写，我们可先从作文的要求着眼，再从阅读中获取写好这篇文章的技能技巧，学生在写作时便有了抓手。为避免读写机械化，我们可采用单元整体教学，使学生既见树木，又见森林。通过比较不同文章，归纳出多种写作方法，学生既知其然，又能知其所以然。方法的多样化是避免其教条化的有效途径，而这些都是单篇文章无法提供的。

基于以上考虑，我们以单元习作为牵引，通过单元整体教学，将"阅读"与"写作"作为一个整体进行设计，让读与写紧密、有效结合，为学生的学习能力提升铺下一级级台阶。

2.单元重建，整体设计。

苏教版五年级下册第四单元编排了《秦兵马俑》《埃及的金字塔》和《音乐之都维也纳》三篇课文。从内容看，都是介绍世界名胜；从体裁看，都为状物类说明文。"写一篇参观游记"是本单元的习作要求。由此看来，本单元"向读学写"的特点十分鲜明。因此，重组文本，进行单元整体设计既能引导学生发现写游记的一些方法、规律，又能有效地避免单篇教学带来的写作方法单一化、教条化、机械化。

中年段教材中写参观游记，要求学生根据浏览顺序，一步步将自己的所见记录下来。而到了高年段，"写一篇参观游记"则有更高的目标，更需关注文章结构、说明方法、语言特色等方面。

下面就从说明对象、说明方法、文章结构、说明语言四个方面来梳理。

第一，本单元文章在介绍事物时都能抓住主要特征。如秦兵马俑，可介绍的东西很多：怎样被人发现，是谁造的，怎么造的，现在的保留状况如何等，但在《秦兵马俑》一文中，作者并没有一一介绍，作者只是从它的"规模宏大""类型众多、个性鲜明"两方面进行了介绍。《埃及的金字塔》《音乐之都维也纳》两文也只是抓住主要特征，给人留下深刻印象。

第二，本单元文章在介绍事物都能运用多种说明方法，以将事物的特征说全面。如为了说明秦兵马俑"规模宏大"，作者列出一系列数据，并将它的规模与其他熟悉的事物作比较；为了说明秦兵马俑"类型众多、个性鲜明"的特点，作者举了"将军俑""武士俑""弓弩手""马俑"等例子。另两课也都采用了列数字、举例子等多种说明方法。

第三，本单元文章的谋篇布局都有巧思。文章的主体部分，《秦兵马俑》采用了并列结构，《埃及的金字塔》采用了递进结构，而《音乐之都维也纳》则是围绕一个特点从多个角度展开。并且，三篇文章在开头、结尾方面也各不相同。

第四，本单元文章的语言风格各有特色。《秦兵马俑》语言简洁有力，《埃及的金字塔》语言朴实准确，《音乐之都维也纳》语言优美生动。

厘清了这几点，我们就可以进行单元整体设计（见表2）（本单元的教学，我们不再依据课文的顺序，一篇一篇梳理，而是依据说明顺序、说明方法、说明语言等写作要素，把三篇课文放一起，教学中采取"由扶到放"的原则）。

表2　苏教版语文五年级下册第四单元整体设计

课时	教学内容	教学目标
1	单元导读	1.了解本单元课文的特点,明确单元主题。 2.了解习作的要求。 3.能自学生字新词,并通过工具书读准字音,理解新词意思。
2	明晰文章结构	1.能读通课文,了解说明对象及事物特征。 2.能根据叙述顺序,画出《秦兵马俑》《埃及的金字塔》《音乐之都维也纳》思维导图。
3—4	了解说明方法	1.知道分别抓住了哪些特点来描写事物。 2.知道分别用了哪些说明方法来介绍事物特征。
5	感知语言特色	通过朗读,感受每篇文章不同的语言风格。
6	单元总结	1.清晰地知道描写事物要抓住主要特点,并且运用多种手法。 2.知道文章可以运用不同的结构方式,不同的语言风格。
7—8	习作	1.能用思维导图画出自己要介绍事物的特点,用了哪些手法,采用何种文章结构。 2.能根据事物特点采用不同的语言风格来叙述。

3.单元教学，步步推进。

（1）单元导读，了解习作要求。

单元导读是引导学生对本单元的教学内容有大致了解，明确本单元的学习目标，以及知道应该用哪些学习方法与策略，达成学习目标。40分钟的学习时间，主要完成以下任务：

1）归纳单元主题。了解本单元课文后，我们发现《秦兵马俑》和《埃及的金字塔》都描写名胜古迹，而且都是世界八大奇迹之一。而《音乐之都维也纳》描写的是音乐都市。三者都是引领我们了解世界的窗口，举世闻名。在三、四年级，学生也学过了许多介绍风景名胜的文章，在导读课，我们可以让学生给本单元起个"名"，如"世界名胜"等。

2）了解写作要求。单元导读课，师生们不仅要关注课文，也要关注习作。在课堂中，老师给学生一定的时间来读习作例文。习作例文是《龟山汉墓参观记》。但这一参观记是从三个方面来介绍了龟山汉墓之"绝"。此后再读"习作要求"，学生就需明白："按例文的样子"应抓住事物的某一特点来选材与写作。如何写好参观游记，教师需引导学生再来浏览本单元文章，此时，我们便能发现：本单元文章都是介绍某一风景名胜的，因此，我们在写作时需要向这些课文学习写作方法。

3）自主学习字词。对于高年级学生来说，字词的学习可以放手给学生自主学习。让学生自由阅读课文后，提出需要自己关注的字词（包括音、形、义）。可以让学生出一些"题目"，给同桌做一做。在导读课中，我们还可以播放兵马俑和金字塔的宣传片，从而使学生对事物有一个更直观的了解，同时也可与后面的文本学习进行比较，体会文本在选材上的取舍。

（2）画思维图，明晰文章结构。

这篇文章介绍了什么？它是如何介绍的？画思维导图是理清文脉的一个重要的学习策略。在本单元教学的第二课时，教师可把三篇文章放一起，引导学生用思维导图让课文变"薄"。教学策略上，采用由扶到放的方法，如《秦兵马俑》的导图，老师和学生一起画；《埃及的金字塔》《音乐之都维也纳》两课，同桌两人合作画。

1）师生共画第一幅图。

《秦兵马俑》一课，作者介绍了它的哪些特点呢？课堂中，我们可以让学生"开火车读课文"，每一自然段讲了什么，将小标题写在黑板上（见图1）。与老师们传统的"板书"不同的是，每一个小标题写到黑板上时，老师都需引导学生思考：这个词语应该写在哪儿，它与前一个词是总分关系，还是并列关系。有了思考的过程，学生们才能清晰地辨别出它们之间的关系。

秦兵马俑

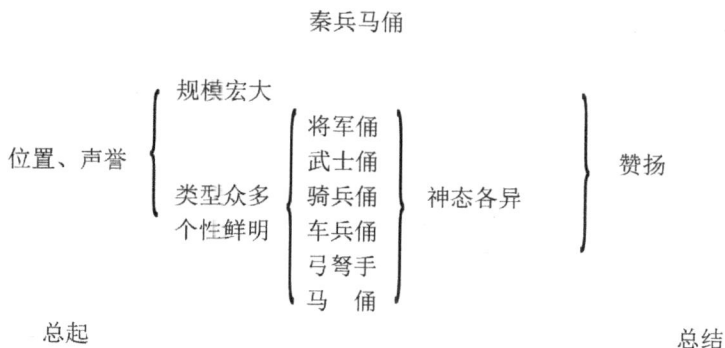

图 1　秦兵马俑

　　由此图，学生能清晰地了解这篇课文的说明对象及事物的基本特点。学生们还需借助这幅图来清晰地概述主要内容。

　　2）合作画另两幅图。

　　另外两篇文章的思维导图，由学生自主画。同桌合作，一人一课。图画完工后，同桌可相互介绍文章的说明对象及主要内容。

　　（3）深入解读，了解说明方法。

　　画完思维导图，我们就了解了这篇文章介绍的对象、它的基本特点以及文章的叙述顺序。那么，学生写作时，如何将某一名胜的特点介绍清楚，就需要对文本进行细读，了解作者将事物特点介绍清楚的方法，即说明方法。

　　1）列数字和作比较。列数字和作比较是说明事物特点最基本的说明方法。它能让读者更清晰、准确、直观地了解这一事物的基本状貌。

　　秦兵马俑的一个特点是"规模宏大"，作者是怎么写这一特点的？学生们能很快找出许多数字。但有些数字很大，如"19 120平方米"，学生的大脑难以形成这样的概念。那怎样才能感知它的规模宏大呢？作者又用了"作比较"的方法："足有两个半足球场那么大。"不同的学校、班级，还可以将它和自己的学校、教室再作比较，从而更深刻地感受秦兵马俑的"规模宏大"。

　　在这三篇文章中，还有许多列数字和作比较的说明方法。我们可以让学生们读一读书，找一找这些方法，说一说它们有什么用。

　　2）举例子。读完三篇文章，我们发现：列数字和作比较这两种方法仅仅可以用来描写事物的外观（而且是比较大的事物），有一定的局限性。

　　要想把秦兵马俑"类型众多"这一特点说明白，光列数字和作比较就不够用了。那作者用了什么方法呢？很明显，是举例子。作者举了哪些例子？数一数，一共有"将军俑""武士俑""骑兵俑""车兵俑""弓弩手"和"马俑"六种。举了这么多兵马俑的例子，有什么好处？这就是"类型众多"。

三篇课文中，还有没有运用举例子的方法？举例子是为了说明什么特点？我们可以让学生完成以下的表格：

表3 举例子方法及特点

举的例子	说明的对象及特点
一号坑最大	秦兵马俑规模宏大
胡夫金字塔	金字塔特别宏伟
海顿、莫扎特等音乐家	维也纳是欧洲古典音乐的摇篮
王宫花园的草坪，用音乐符号装饰	维也纳是用音乐装饰起来的城市
集体甚至政府会议后，奏古典音乐	维也纳一天也离不开音乐
国家歌剧院、金色大厅	维也纳的歌剧院、音乐厅星罗棋布
…………	…………

通过对一系列说明方法的整理，我们就能发现：原来用举例子的方法，能把事物的特点说清楚。

举例子，可举一个例子，这个例子必须是最具有代表性的，能把事物的最大特点说清楚；也可举很多例子，这样就能说明事物数量之多。

3）摹状貌。是不是用了以上方法，就能把事物的特点全说清楚呢？显然不是。摹状貌其实是对事物外观特点的"描写"。对六种兵马俑外观的描写，就足以让我们明白什么叫"个性鲜明"了；对金字塔的外观描写，让我们了解到它的宏伟；对维也纳歌剧院金色大厅的描写，让我们赞叹真是一件"完美的艺术品"……

当然，说明事物的方法还有许多。对于小学生来说，我们能掌握最基本的几种即可。在三年级的说明文教学中，我们只需让学生了解何种说明方法；而在五年级的说明文教学中，我们还需让学生知道使用这种说明方法的原因和作用。在了解说明方法的同时，我们可把这些方法添加到思维导图中。

4）片段练习。说明方法的教学比较枯燥，在实际的教学中，可以放慢节奏，用两节课的时间来完成。在教学中，不仅明白了课文中的说明方法有什么用，还可创设情境，让学生用一种说明方法来写一写某事物。如学习了列数字和作比较后，就可以出示家乡的某处风景名胜图，给学生一些数据，让学生当场用这两种方法说一说。明白了举例子的好处后，可出示一个总起句，让学生用举例子的方法把它说具体……

（4）加强朗读，感知语言风格。

在了解写作手法的基础上，还可品味每篇文章的语言风格。《秦兵马俑》用了许多四字词语，就像一位英勇的男子，语言简洁有力。《埃及的金字塔》就像一位庄严的长者，语言朴实准确。《音乐之都维也纳》列举了许多生活中的事例，像一位优雅的江南女子，语言优美生动。

在感知语言特色的基础上，还可以请同学分别推荐三位对比阅读这三篇文章中的典型段落。

4.单元总结，向读学写。

（1）比较异同，习得方法。

把几篇文章放在一起比较阅读，我们就能发现它们的规律。这也正是"单元整体设计"的关键点所在。比较可分两种，一是"异中之同"。寻找"异中之同"，就是发现同一类文章在写作时的"规律"。二是"同中之异"。不同的文章，有不同的表达方式和表现手法。如何比较？我们可拿出思维导图，更直观、更形象。

1）异中之同。

第一，抓主要特点。介绍某个事物或某处名胜，要想给人留下比较深的印象，就必须抓住事物的特点，而不能面面俱到。通过观察思维导图，学生会发现：《音乐之都维也纳》这课，只写了维也纳是"音乐之都"这一个特点，虽然维也纳吸引人的地方有很多，如蓝色的多瑙河、悠久的历史、闻名世界的大教堂……可作者为什么不把这些都写上去，而只写了"维也纳是音乐之都"这一个特点呢？学生通过讨论发现：如果面面俱到，只能让人眼花缭乱，印象不深。因此描写事物时要抓住主要特点。另外两课《秦兵马俑》和《埃及的金字塔》，同样抓住了主要特点，才能让人印象深刻。第二，用多种方法。思维导图上也列出了许多说明事物的方法。在观察导图时，学生也会发现：举例子是最基本的说明方法，它能把事物的特点写具体。而列数字和作比较，能让人更直观地了解事物的外观。摹状貌这种描写方法也很重要，它能把事物的特点直观地说清楚。第三，重说明顺序。作者在文章开头都先介绍了它们的位置，这是为什么呢？在仔细辨别作者的叙述顺序时，我们也能发现：作者介绍事物要按照由表及里、由浅入深的顺序，这也符合我们认识事物的规律。

2）同中之异。

不同的文章表达的方式也不一样。除语言风格外，还有许多……首先是开头方式不同。文章的结构无外乎开头、主体、结尾。本组课文中，三篇文章的开头各有特色。《秦兵马俑》的开头并没有拐弯抹角,而是直接告诉了我们它的地位、位置。这种开门见山的方式虽不华丽,但就像登高望远一样,能让人一目了然。《埃及的金字塔》的开头运用了许多形容词来描述金字塔的外形,通过形象描述的方法使读者产生画面感。《音乐之都维也纳》虽然也运用了许多形容词,但与《埃及的金字塔》又有明显差异。《埃及的金字塔》中的形容词是用于金字塔本身,而《音乐之都维也纳》中没有把形容词用在主角维也纳上,而是用在了配角环境上。通过环境烘托,从而衬托出维也纳的美。其次是结尾方式不同。通过比较,学生会发现,前两篇文章的结尾都是对文章的概括总结,而第三篇文章却缺一个总结式的结尾。此时,可引导学生为第三篇文章也加一个总结式的结尾,进而与文章原有的结尾进行对比,体会不同的表达效果。学生会发现,通过参观金色大厅这个事例,读者仿佛就置身其中,置身于音乐的海洋中,那音乐在耳畔萦绕,让人回味无穷。可见,状物类说明文的结尾既可以对事物的特点进行总结,同时也可以有其他方式,从而给人更多回味的空间。再次是主体结构不同。学生通过四人小组讨论会发现:《秦兵马俑》中"规模宏大"和"类型众多、个性鲜明"这两个特点没有必然的联系,因此是并列结构。而《埃及的金字塔》先看到了"宏伟精巧",从而联想到了"建造不易",因此是递进关系。教师可在此基础上进行追问,同是世界八大奇迹之一,为何一个采用并列,而一个却采用递进式呢?学生会发现这与事物的特点有关,秦兵马俑数量众多,但每个外形不同,所以必须要按类型一一介绍。而金字塔虽然数量多,但都大同小异,所以无须分类介绍,只要介绍它的建造过程。而《音乐之都维也纳》则围绕一个特点,从多个角度展开。

(2)向读学写,完成习作。

1)画思维导图,完成草稿。学生通过课文学习,了解了介绍事物的基本方法;通过单元总结课的比较,能发现更多写此类文章的"规律"。通过以上教学,我们为写作铺下一级级的"台阶"。写作前,学生先要画思维导图。导图应该包含以下要素:①写出本处景观(名胜)的一至两个主要特征。②列举写作手法。③精心布局文章的结构,包括文章的开头、主体、结尾。④选择与事物特点相符的语言风格。思维导图用的仍然是总分结构式,以便学生举例。

学生在画完思维导图,搭好文章框架后即可完成草稿。

2)明确标准,师生互评。一篇文章可从众多维度进行点评,同样,一篇好文章也必定满足许多评价标准。那么,对于一篇习作而言,是否评价标准越多越好呢?从理论上答案是肯定的,而从实践上答案又是否定的。

教学讲究一课一得，同样，习作的评价标准也应少而精。显然，通过本单元的重组学习、归纳总结，习得的写作方法即是习作的评价标准，即一是是否抓主要特点，二是是否运用多种手法，三是结构是否清晰，四是语言是否有特色。

其中前两项为评价的基本标准，后两项为更高标准。每一项按学生的达成度分别打一至五颗星，可采取学生互相打星并阐述理由的方式进行点评。最后，学生根据打星的反馈对文章进行修改，教师根据标准进行加分。因此，向读学写，在互评中可令写作目标更清晰，方法更有效，评价更有的放矢。

语文学习既要还原意向世界，同时也要逐渐领悟作者如何凭借语言文字托出意向世界。本单元的三篇说明文更偏实用性，因此在教学时，我们从明确写作任务开始，在单元整体阅读中学习写作的方法与技巧。依托单元整体教学设计，向读学写，学生便能既见树木，又见森林，从而在更广阔的生命之林翱翔。

三、描写+想象,让高年级学生习作更灵动

课程标准明确指出，高年级"能写简单的纪实作文和想象作文"。修订后教材的习作，注重学生想象能力的培养，更要鼓励学生写想象中的事物，激发他们展开想象和幻想，发挥自己的创造性。那么，如何引导学生进行想象，并结合语文课程，让学生的习作更具体，更生动呢？

所谓，授之以鱼，不如受之以渔。循着课标的指引，笔者在长期的实践探索中发现：循序渐进地指导学生学会生动描写，并展开丰富的想象，是引领学生把作文写具体，写生动，提高习作能力的有效的方式。

1.深情诵读，赏析佳作，自主探究"描写+想象"的方法和技巧。

习作指导，首先应努力推进师生心灵的沟通和交流。有的放矢的习作指导，才能富有实效。因此，在学生习作前后，适时营造轻松愉悦的聊天氛围，引导学生述说习作困惑，引发习作思考。然后，教师引领孩子们声情并茂地诵读那一个个精挑细选出来的，出自名师名家手笔的经典片段，引导学生去欣赏，去发现。

（1）感受"描写"的精妙，提炼描写的方法。

语文课堂上书声琅琅，议论纷纷，才能使孩子们尽情吸纳语言的精华，自主探究名家特色的写法，感受描写的精妙之处，更让孩子们对描写的手法和技巧有了清晰的认识。

描写，其实就是指抓住人、景、事、物的主要特征，用简洁、生动、形象的语言，勾画描绘出他们存在与变化的具体状态。描写主要包括人物细节描写和景、物特征描写。

习作中，成堆的空话和废话是堆砌不出优美感人的习作的。苏教版六年级上册第四单元主题习作《写一篇描绘剪纸作品》（见图2），是一个比较令师生棘手的习作题材。学生对于如何表现剪纸的"美""有趣"等感到非常茫然，无从下手。在习作中表现出来的突出问题也是语言空泛无味，呆板枯燥。而教师也经常为"难以指导"而头痛不已。深究原因，主要在于缺描写、少想象。

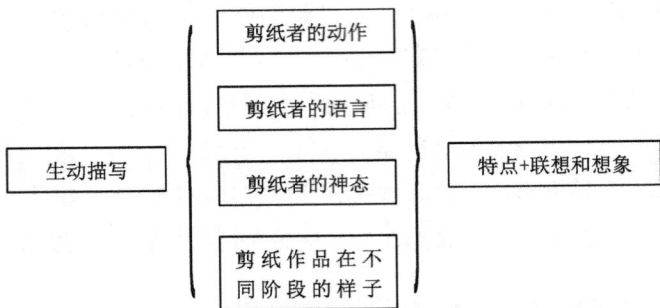

图2 《写一篇描绘剪纸作品》习作技巧

于是，在课堂上，教师没有强行灌输概念性的知识，而是首先引导学生赏析了《姥姥的剪纸》《安塞腰鼓》等文章节选出来的精彩片段。孩子们在教师的巧拨妙引中轻而易举地提炼出了描写"剪纸之美"的方法。

顺势而导，教师向孩子们清晰明确了本次习作目标：

1）描写+想象，生动、具体地描绘出剪纸者剪纸时的各种突出表现。

2）描写+想象，鲜活、形象地抒写自己从剪纸作品和剪纸者的行为表现中获得的特别感受。

有了清晰的方法引领，便能化难为易。良好的语感，再配以灵活的技巧，学生描绘艺术作品特有的魅力，也就变得简单多了。

（2）感受"想象"的魅力，发掘想象的技巧。

丰富的联想和想象，是开启习作之门的钥匙。在描写中，巧妙引入神奇、丰富的联想和想象，可以让习作插上飞翔的翅膀，让文章更加具有灵性和活力。我们依然尝试用"片段导读"的方式，引导学生进行赏析，让学生自己去发现：什么是联想？想象的方法和技巧有哪些？

有位教师在《用细节写"活"人物》习作指导课中，为了引导学生把人物塑造得鲜活而饱满，教者首先让孩子们回顾课本中诸多个性鲜明的人物：詹天佑、钱学森、林肯、扫路人、刘老师……然后引导学生提炼出人物描写最关键的写法：

1）精选典型、新颖的具体事例。

2）引入生动、具体的人物细节描写（外貌、语言、动作、神态、心理）。

3）表现出人物最突出的特点和品质。

接着，教师引导学生述说习作的困惑：你觉得哪种写法最难把握，最难突破？孩子们的回答是：语言贫乏枯燥！不善描写！尤其不善人物细节描写！

"如何生动、具体地进行人物细节描写?"带着困惑，顺势而导，教师通过组织学生赏析《"老太太"肖像描写》《"林冲棒打洪教头"动作描写》《"走上讲台之前"心理描写》等片段。透过大量精美片段的品读和赏析，孩子们欣喜地发现了想象的方法其实很简单：联想、想象，是指由于某人或某事物而想起其他相关事物，或者直接创造出新形象的心理过程。

总之，丰富的联想和想象，是拓展作文思路的羽翼，是增强文章活力的泉源。而习作中，"描写"与"想象"的完美相融，可以帮助学生发散思维，丰润语言，给文章添彩增味，营造出美妙的意境。

2.创设情境，片段训练，指导运用"描写+想象"写"活"细节。

细节描写，其实是一种以小见大的写法。细节虽小但却能让人物个性鲜明、栩栩如生。如何巧用细节写"活"形象？在前面的片段赏析中，孩子们探究出了一系列行之有效的写法和技巧。

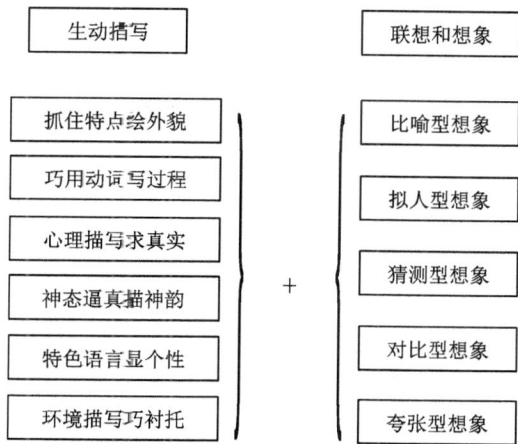

图3　描写、联想和想象

（1）创设情境，练写片段。

有了方法的指引，还要学会付诸实践，加以运用。笔者认为，创设妙趣横生的生活情境，激发学生兴趣，对学生进行片段写作训练，是指导学生运用"描写+想象"来写"活"细节，塑造鲜活形象的好办法。

1）校运动会的"拔河比赛"正在激烈地进行。你们班正在和二班僵持着，你班处于劣势。站在后面做观众的你只需要趁别人不注意，偷偷抓起绳子帮忙拉一下，也许你们班就能赢。请写下你此时此刻的心理活动。

2）请通过景物描写，真实展现丰富的内心世界。

手捧着鲜红醒目的100分试卷，走在回家的路上，＿＿＿＿＿＿＿＿然而，100分试卷中，赫然出现的错题刺痛着我的眼睛。那一刻，我心潮腾涌：＿＿＿＿＿＿＿＿＿＿。

3）"那一刻，他（她）笑了。那是一幅怎样的笑容啊！……"请大胆想象，进行一段生动的"神态描写"，表现出人物特有的神韵。

4）校道上，同学乙乱扔垃圾，被值日生甲现场抓住，要扣班级的分。请你想象当时的情景，在他们之间展开一段生动的"对话描写"，让人物的个性跃然纸上。

…………

（2）长期练写，提升能力。

有效的指引就会有所得，长期的训练终会有提高。以片段导写，给学生留下了广阔的思维空间，激发了习作的兴趣。训练中，既发挥了他们的想象能力、创造能力，更提高了他们的写作能力。于是，欣赏着孩子们五花八门的作品，总能带给我们许多意外的惊喜，这足以证明孩子们的创造能力是不可估量的。

摘录学生优秀作品：

1）那一刻，她笑了。两片薄薄的嘴唇在笑，长长的眼睛在笑，腮上两个深深的酒窝也在笑。笑得发红的脸庞，像是盛开的桃花。嘴角的弧度如月牙般翘起。清澈明亮的眼眸里仿佛有两团热情的火焰在燃烧。额前的那一缕秀发，也随之而飘动起来。这灿烂的笑容赶走了所有的阴霾，带来了温暖和快乐……

2）值日生甲："这位同学，你怎么能随便扔垃圾？快捡起来。你是哪个班的？要扣你们班的分了！"

同学乙："别别，我就这一次，下次不敢了，别扣了，行不？"

值日生甲："不行，违反学校规章，就要扣分！"

同学乙："只要不扣分，我请你吃零食，怎么样？"

值日生甲："不行就是不行，如果大家都像你这样，学校不变成垃圾场了吗？"

同学乙："有什么了不起！不就是一个值日生吗？耍什么威风！"

值日生甲："你还敢这样威胁值日生？那我扣你双倍分！"

总之，细节是美的源泉，让一木一石现出光彩；细节是生活的放大镜，透过一叶一枝见世界本色。俗话说：千人千模样，万人万性格。"描写+想象"，把细节写具体，写生动，作文便能呈现出迷人的魅力！

3.创新习作，鼓励模仿，推进"描写+想象"技巧的迁移和创造。

习作指导重在用心，重在得法。创新习作形式，化难为易，顺势而导，便能于无声、无形处让学生掌握扎实的写作技巧。

（1）特色"仿写"，以模仿推进迁移和运用。

小学生习作，从模仿开始！模仿，不是僵化的抄袭，而是同类写作方法的有效迁移和灵活运用。从一般意义上来说，与课文相联系的仿写是练笔的好方式。教师在阅读教学中，注意以课文为导引，提炼和总结对学生习作有启发的"法"，为学生提供仿写契机，可以促进学生在模仿中进行迁移和运用，最终实现个性化的创造。

1）以课文为导引，提炼写作方法。试以《孔子游春》为例，一次普普通通的教学场景，作者采用人物对话的方式，表达了孔子的循循善诱的教学方式和师生之间的浓浓情谊。与普通的"写景"文相比较，它将"叙事"和"写景"呈现出更完美的融合，人与自然之间的"交流对话"也更密切而巧妙，语言文字更显丰润厚实。总结这篇课文的写法，突出表现在："生动描写+丰富想象+对话抒情"，使文章情景交融，妙趣横生。由此也引发了笔者的思考：

能否以这篇文章为契机，引导学生仿写，让学生在"叙事写景"的习作上更显出不同于以往的鲜活与新意。

2）以学导写，鼓励写法的迁移和运用。既要提高学生习作水平的深度，又要降低习作指导的难度，在这矛盾的处理中，笔者首先对习作的题目进行了精心的设计，以此来引发学生的习作兴趣。

题目：《校园遐想》或《漫步校园》

要求：美丽的校园，是我们绽露童真、孕育梦想的地方。走一走，看一看，请你仿《山中访友》的写法，描写+想象，展现校园的美丽，描述校园生活的美好，抒发对母校的真情实感，为校园谱写一首心灵的赞歌。

温馨指引：

A.移步换景，清晰介绍校园整体布局。

B.生动描写，展现校园景色的特点。

C.丰富想象，为景物赋予生机和灵性。

D.人称转换，直接抒发内心真情实感。

E.适时插入回忆，为校园生活涂抹迷人的魅力。

总之，遵循习作指导的层次和规律，循序渐进，也是习作教学中化难为易，集训练和指导于一体的有效策略之一。有了这样逐层深入的提示和引领，相信孩子们的习作能力会自然成长于无形中。

（2）创意续编，在想象中激发创作欲望。

续写，更多注重的是要激发学生自主创作的兴趣和热情，让学生在轻松、愉悦的氛围中，顺着思路，去想象、创编新的故事情节，从而提高学生的创作能力。试以《螳螂捕蝉》一课的"续写"为例：

1）好故事自由编。如《〈螳螂捕蝉〉故事续编》。请以"第二天，吴王坐在朝堂上，面对下面的诸位大臣，摇了摇头……"为开头，进行故事续编。

笔者尽量尝试用人物的微小动作，去渲染故事的情境，去激发他们大胆去构想接下来的故事发展。在一阵叽叽喳喳、各抒己见之后，孩子们编故事的欲望和兴趣，被彻底激发出来，虚构出来的故事结局也五花八门。

2）有效引领创编，教学应收放自如。此时需教师的指点和引领，帮助学生拔节提升，引导孩子们往合理的方向进行想象和续写。因此，续编的"写作要求"变成了"温馨提示"：

A.展开丰富想象，虚构一波三折、扣人心弦的故事情节。

B.细节描写生动具体，人物形象鲜明。

C.主题鲜明，人物的命运符合当时的社会现实。

说写联动，有了这样的引领，孩子们的续写便不会天马行空。毫无章法，就会有效地开启了续写习作之旅。

4.巧拨妙引，反复修改，实现"描写+想象"能力的巩固和提升。

课程标准明确指出：要重视引导学生在自我修改和相互修改的过程中提高写作能力。要把修改的重点放在语句的修改上，力求准确、具体、生动。

（1）巧指引，开展片段互改。

例如，在《写一篇描绘剪纸作品》习作点评课中，教师呈现了一段学生关于剪纸作品的描写片段，进而引发学生评议：你觉得这个片段写得怎么样？最后明确修改要求，提供修改指引。

（2）妙点拨，着力全文自改。

文章不厌百回改，好文章都是改出来的。如果学生能在这样的改写指导中，学会生动描写，学会展开丰富的联想和想象，也同样能写出好文章的。

例如在让学生写《春节乐事》时，学生所遇到的困境是，习作枯燥、乏味，难以让读者感受春节的欢乐和有趣！在师生讨论中，教师给出修改方向：怎样才能生动、具体地描写出"春节乐事"最精彩的镜头呢？接着给出修改方法：尽量略写枯燥无味的"口水话"，尽量避免详略平均的"流水账"，生动详写事件中最精彩的情节，充分体现"欢乐、有趣"的主题，把文章构建成一个有趣的"大肚子娃娃"！

1）把过程写具体！（一波三折）

2）把人物细节写生动！（语言、动作、神态、心理等）

3）把事物特点写清楚！（大小、颜色、形状、变化、动态、静态等）

4）把感受写真实。

有针对性地习作修改，非常有利于提高习作的水平。总之，每个孩子的内心深处都渴望快点长大，就像春日里的竹子一样噌噌地拔节，那是一种成长的快感。习作训练应讲求层次性，应该让孩子们在由易到难，由扶到放，循序渐进的习作点拨和指导中，得到实实在在的进步，切身感受到从不懂到懂，从不会到会的跳跃和生长，获得一种生命拔节的感觉，奏响灵动习作指导的新乐章。

四、以"图"促写，提升高年级学生习作素养

随着《语文课程标准》的颁发与实施，习作教学的有效性问题再度成为广大教师教科研的焦点。如何破解"作文难"，提高小学高年段习作教学的实效，提升学生的习作能力？笔者在教学实践中认识到：习作与思维关系密切。学生通过感知客观事物把它记忆储存在大脑中，再经过思维加工材料，最后通过文字把对事物的感知表述出来。而思维导图被誉为"21世纪全球性的思维工具"，能够反映思维的过程，它以记忆、阅读和思维的规律为理论基础，按照逻辑思维和形象思维紧密结合的原则，采取图文并重的方法，把有关某一个主题的各级要点的层次、因果、相互作用等关系以彩图形式直观地展现出来，以帮助使用者提高思维的深度、广度和效度。将思维导图运用到高年段的习作教学中，通过对学生习作思维过程的精细剖析与层层展示，帮助学生发散思维，理清思路，习得方法，达到授人以渔、省时高效的预期目标。近年来，笔者从发展学生思维能力出发，尝

试把思维导图引入小学高年段习作教学的各环节之中，凭借思维导图把学生的习作思维"画"出来，看得见，可视化，收到了较好的效果：既落实了新课标的精神，减低了习作的难度，破解了"作文之难"，又激活了学生的思维，拓宽了习作的思路，提升了思维的能力，使学生乐于表达、真情表达、创意表达。思维导图，给习作的课堂注入了一股乐写、能写、持续写的不竭的动力源泉，孕育了习作课堂的高效，导出了习作课堂的精彩。

1.运用导图助审题，准确把握习作要求。

学生习作难之一是"难以准确把握习作的要求"。破解的对策是运用思维导图准确审题，夯实习作的基础。审题能力是学生习作必备的一种基础能力，它涉及筛选、提取考题的信息，对考题的信息进行理性分析，然后综合、归纳、概括、提炼出习作的要求。准确审题是学生写好习作的前提与关键。小学高年段的习作在考题设计上多贴近学生的实际生活，在文体上多以写人记事的记叙文为主，在形式上多以命题、半命题和自拟题常见，文题后常有一段提示语。借助思维导图能准确地读懂提示语，把习作的要求以关键词的形式画出来，学生以图导引，审清题目中的"题眼"和"题限"，准确找出主题词，逐一思考，避免因忽视任何一个词可能造成审题的偏差。参与课题实验的班级学生借助思维导图进行"可视化"审题，审题能力大为提升，准确率可达98%。

2.借用导图助立意，发散思维角度新。

学生习作难之二是"思维受限，立意不新"。破解之策是借用导图巧立意，发散思维，拓宽思路，推陈出新。小学生由于生活阅历尚浅，思维局限，难以构思出新颖、令人眼前一亮的立意。在新课程标准中提出高年段的习作教学要"珍视个人的独特感受"，"鼓励自由表达"。在教学中，笔者打破传统作文教学固化单一的模式，创造性地运用思维导图，引导学生进行发散式的思维立意，就是根据题目或材料，从不同的角度，不同的切入点，事物的不同方面去思考联想，提炼出不同的立意，并从中选择找出最佳的新颖而深刻的立意，从而破解了立意之难。

对于学生而言，由于生活经历不同，知识积累不同，个体存在着差异，所以学生擅长的立意也不同。利用思维导图，让学生在习作前，对要写的对象有一张"全景图"，找出适合自己的立意，让每一个习作要素都呈现出有形的思路，使习作构思清晰化、可视化。学生习作时按图索骥，融入想象，内容具体，细节丰满，感受独特，"领异标新二月花"的佳作自然就水到渠成。

3.巧用导图助选材，解"无米之炊"之难。

学生习作难之三是"难为无米之炊"。破解的对策是借助"素材"思维导图，解"选材"之难。在教学中，指导学生学习绘制"素材"思维导图，主动去寻找"可炊"之"米"，克服畏难心理，提升选材能力。

运用思维导图帮助学生积累素材，基本的步骤有：

步骤一：教会绘制思维导图的方法。从一张纸的中心开始绘制，画一个图形，把题旨或主题词写在中心；周围留出空白，可以使思维向各方面自由发散。再从中心点出发，逐层画出各个要点的分支线，分支线自然弯曲，并不是一条直线；在每一条线上使用一个关键词，把相应要点逐一标注在线条上；然后把主要分支与二级分支连接起来，依此类推；在绘制过程中使用颜色，自始至终使用图形。

步骤二：教会观察生活，积累素材方法。

步骤三：围绕主题，完成素材思维导图。

步骤四：交流点拨，轻松选取"可炊"之"米"。

如指导《童年趣事》的习作，习作前组织学生一起回忆自己童年生活的快乐，然后以"童年趣事"的主题为中心点，不断地思考、发散、辐射出去，捕捉生活中鲜活的素材，并尝试绘制出"童年趣事"的素材思维导图（见图4），与同桌间交流、四人小组内交流，教师适当点拨。学生借助思维导图梳理出本次习作的素材，从中选取最典型的、最有趣的内容，"无米之炊"之难就迎刃而解了。

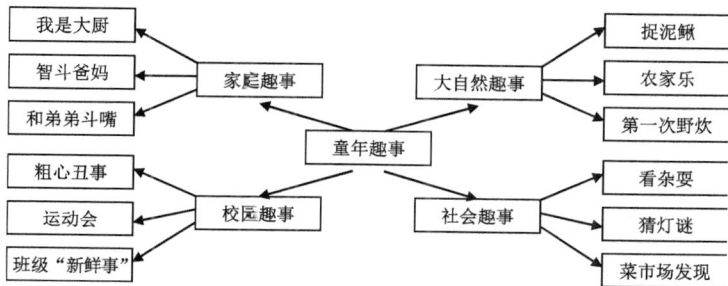

图4 《童年趣事》思维导图

生活是习作的源泉，习作是儿童生活的反映。要让学生易于动笔，乐于表达，教师首先要指导学生提高观察生活、积累素材的能力，引入思维导图，学生的观察更有目标和方向，思维的空间得到进一步拓展。学生围绕一个主题，从不同的角度去观察，把观察到的生活素材积累下来，把零散的素材分类记录，形成习作素材思维导图清晰展现，让素材取舍更有针对性，更典型，也更容易，自然就不再有"无米"之难了。

4.活用导图助布局，理清思路言之有序。

学生习作难之四是条理不清，言而无序。破解的对策是运用结构思维导图，理清思路，解"布局"之难。学生确定了"写什么"之后，最困惑的是"怎么写"。"怎么写"也就是文章的结构。一篇好的文章，关键在于谋篇布局。学生只有在头脑中明确了习作的结构，理清了习作的思路，习作的条理也自然就清晰了，学生的习作之难也就迎刃而解。

如一学生的《我家的"保险箱"》的思维导图（见图5），能清晰地反映出习作的思路，层次分明、言而有序。

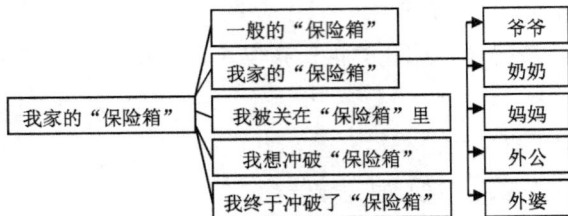

图5 《我家的"保险箱"》思维导图

对不同题材的习作借助结构思路导图，能化难为易，有效地解决习作条理不清的问题（见图6）。比如：

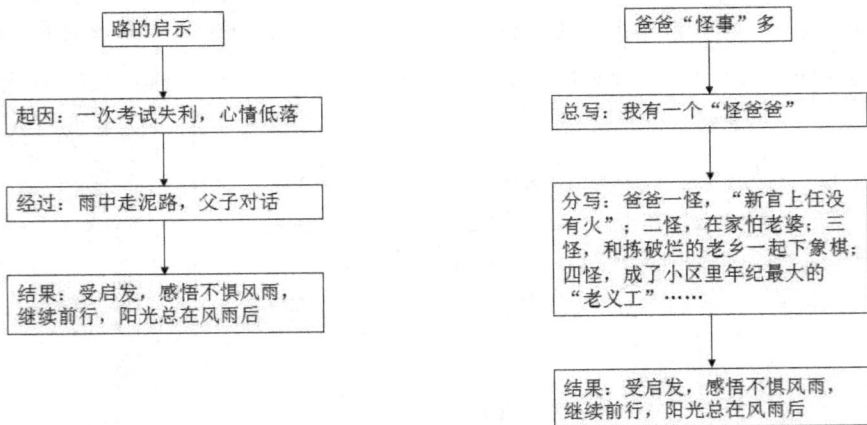

图6 《路的启示》和《爸爸"怪事多"》思维导图

结构思维导图让学生在习作前，对全文有了一个整体的把握，呈现出有形的思路，使习作思路清晰化、可视化，学生习作时按思维导图挥笔成文，言而有序，流畅地表达对生活的独特感受。

5.善用思维导图助表达，解"辞不达意"之难。

学生习作难之五是"辞不达意"，难以自然倾吐。破解的对策是巧用思维导图，妙积累，解"自然倾吐"之难。当学生厘清了习作思路后，还会面临的一个难题是：如何把文章写具体，写出真情实感。笔者在教学实践中，除了鼓励学生多看书，还指导学生把阅读中的表达方式、精彩句子或段落、名言妙语、谣谚典故等及时分类摘抄记录在表达思维导图上，形成一个"表达素材库"。这样经过长期的积累和内化，学生的表达语言资料库不断丰富，就不会苦于语言贫乏，而无法把事物写生动了。

第二节　实践突围

一、课文中的习作智慧

1.让我们的故事都正确地发生。

【设计说明】

"文包诗"是一种特殊的文体，它既是学古诗，也是学课文。如果单从学习古诗的角度来看教学，势必会让课文的教学价值丧失殆尽。而如果教课文，那么选择的角度也要多加考虑。一般故事的写作，学生都知道要写好故事发生的时间、地点、人物和环境。但具体安排什么样的地点、什么样的环境，如何利用环境和地点来衬托人物的品质，这些知识是学生所不知道的，或者说是比较模糊的。本课例，就是从如何编撰故事的角度来教学《黄鹤楼送别》，让学生通过对课文的学习，了解根据古诗编故事的方法，了解如何设置人物活动的地点和环境。

【教学准备】

学生熟读《黄鹤楼送别》，找出描写人物、景色和地点的语句。

【教学时间】

一课时。

【教学过程】

（1）导入，明确故事要素。

师：继续学习《黄鹤楼送别》，我们先来读几个词语。

出示：1）俯临长江、飞檐凌空；2）烟雾迷蒙、繁花似锦；3）令人敬仰、誉满天下。(指名朗读,齐读)

师：你发现这六个词语中隐藏的秘密了吗?

生：三组词分别写的是黄鹤楼、江边景色和孟浩然。

师：课文主要讲的是送别，那么，前两个词语所描写的就是送别的——

生：地点。

师：三、四两个就是送别的——

生：景色。

师：最后两个就是——

生：送别的人物。

师：大家看，讲故事，首先要把故事发生的地点、周围的环境，还有人物交代清楚。这节课，我们就来好好品味这送别的地点、景色和人物，看看为什么会是这个地点、这个环境。请快速读课文，把表示地点、景色和人物的词句——画出来，并把从中你感受到的内容在旁边做批注。

（2）探究，领悟故事写法。

师：文中的哪一部分文字交代了送别的地点？

生：第一自然段。

师：（出示：暮春三月，长江边烟雾迷蒙，繁花似锦，年轻的李白正在黄鹤楼上为大诗人孟浩然饯行。学生自由读）"饯行"是什么意思？

生：设酒席送行。

师：李白为什么选择黄鹤楼来为孟浩然饯行呢？

生：因为这里的景色很美。

师：送别是得找个可以抒发情感的好环境。

生：因为黄鹤楼有名。

师：有名的地方显得气派。

生：靠近长江便于送行。

师：请大家看描写黄鹤楼的句子。（出示：黄鹤楼俯临长江，飞檐凌空。指名读）说说，你都读出了什么？

生：黄鹤楼的高、雄伟。

师：现在说说，还因为什么李白要在黄鹤楼为孟浩然饯行？

生：我觉得李白和孟浩然都是大诗人，地位很高，黄鹤楼的高大、雄伟与李白和孟浩然这两位伟大的诗人正好相称。

师：你考虑到了人物的身份与地点的关系，了不起。

师：不仅如此，请看这段文字。（出示：相传黄鹤楼最早建于公元223年，文人雅士常常汇聚于此，赏景、宴客、会友、吟诗，留下了许多有趣故事和优秀诗篇。这些都为黄鹤楼增添了浓厚的文化底蕴，到了唐代，黄鹤楼成了人们心中

向往的文化圣地）

读了这些内容，你觉得在黄鹤楼送别还有什么深意吗？

生：在这里送别，能显示出李白和孟浩然有文化。

生：这是一次有文化底蕴的送别。

师：是啊，有文化的人就应该在有文化的地方来送别。我们写作文也应该学着这样，把正确的人放在正确的地方。

师：送别时的景色作者又是怎么写的呢？

生：暮春三月，长江边烟雾迷蒙，繁花似锦。

师：读到这样的内容，你的眼前仿佛看到了什么？

生：看到了各种各样的花，江上烟雾缭绕。

师：这样的景色美不美？

生：很美。

师：暮春三月的长江边很美，那么，孟浩然要去的扬州此时美不美？

生：美。

师：（出示扬州的美景）是的，此时的扬州，瘦西湖旁百花盛开，大运河边彩蝶飞舞。老朋友要去如此美丽的扬州，李白的心里会怎么想？

生：我觉得李白为孟浩然此刻去扬州感到非常高兴。

师：其实，这篇文章中还有一处写了长江边的景色。你找到了吗？

生：岸边杨柳依依，江上沙鸥点点。

师：一切景语皆情语，从这句话中你又读出了什么样的情感？

生：我从"杨柳依依"中读出来一点点的忧伤。

生：还有点不舍。

师：我们联系之前的那句写景，这一句也是写景，可为什么没有连着"暮春三月，长江边烟雾迷蒙，繁花似锦"写下去，而是跳过几个自然段分开写呢？

生：可能一开始，李白和孟浩然是在一起的，所以，景色不仅美，还让人觉得高兴。而此时，他们俩已经分开了，景色虽美，但人的内心是难过的。

师：描写景色也不是随便写写的，我们在写作文时，只有让正确的景色出现在正确的时间，才更能打动人心。

我们讲了送别的地点和送别时的景色，其实，最重要的还是送别的人物。现在我们就好好看看这两位主人公——李白和孟浩然。他们是什么关系？请找出诗中反映两人关系的词语。

生：故人。

下编 实践

师：什么意思？

生：老朋友。

师：什么关系的两个人才能称为"故人""老朋友"呢？

生：感情好的两个人。

生：相处时间长的。

生：肝胆相照、互相理解的两个人。

师：（出示：李白和孟浩然一会儿仰望蓝天白云，一会儿远眺江上景色，都有意不去触动藏在心底的依依惜别之情）从这句话中可以看出他们俩的感情怎样？

生：很深厚。

师：从哪些词句能看出来？

生："依依惜别之情"说明他们难舍难分；"藏"字可以看出他们都不想说分别；仰望蓝天白云，远眺江上景色，其实是他们为了掩盖自己内心的情感。

师：说得很详细。你们说两个感情很好的人，他们在离别时，一般情况下都会怎样？

生：哭哭啼啼的。

师：而李白和孟浩然这样了吗？

生：没有。

师：他们为什么没有抱头痛哭，倾诉离别之情呢？先不要急着回答这个问题，让我们再看看下面的内容。（出示课文第三自然段）请好好读读这段话，体会此时他们两人的情感。

师：（指名）你是李白，请你举起酒杯对孟浩然说——

生：孟夫子，您的人品令人敬仰，您的诗篇誉满天下。自从我结识了你，就一直把您当作我的兄长和老师。今天您就要顺江东下，前往扬州，不知我们何日才能再见面，就请您满饮此杯吧！

师：李白，你说这话时哭了吗？

生：没有。

师：你不但没哭，你还充满激情！

师：（指名）你是孟浩然，请你接过酒杯，一饮而尽，说——

生：王勃说得好："海内存知己，天涯若比邻。"虽然我们暂时分别了，我们的友谊却像这长江的波涛永世不绝。

师：孟浩然，你喝这酒、说这话时，哭了吗？

生：没有。

师：你也充满激情。奇怪了，为什么你们俩都不哭呢？

生：因为两个都是男人。

生：他们都是大文人。

师：看看下面的一段资料你就明白了。（出示：李白和孟浩然有近似的人生经历，共同的理想追求。孟浩然二十多岁便开始漫游长江一带，寄情山水，不愿做官。李白二十五岁开始漫游天下，年轻时曾隐居岷山、徂徕山。他们都是不计名利，笑傲王侯，豪放飘然，具有超越世事的浪漫情怀的人）

师：现在明白了吗？

生：他们都喜欢漫游天下，他们有共同的理想和追求。

师：知道他们漫游的目的是什么吗？

生：获取更多的学问，创作出更好的诗篇。

师：心中都怀揣着这么远大的目标了，离别对他们来说其实就是获取学问的时候。

师：两个豪放之人在一起时都激情万分。可真的分开了呢？（出示：白帆随着江风渐渐远去，消失在蓝天的尽头。李白依然伫立在江边，凝视着远方，只见一江春水浩浩荡荡地流向天边……）

师：说说你的理解。

生：从"依然伫立"可以看出李白还是舍不得孟浩然离去。

生：从"凝视"一词中可以看出李白一直想着孟浩然。

师：这深情地凝望，饱含着李白多少的情感和寄托呀。发现一个问题，他们在一起喝酒时，你能感受到那种依依惜别的情绪吗？

生：不能。

师：可现在，当孟浩然走了，只剩下李白一个人时，你感受到了吗？

生：我感受到了一种伤感。

师：现在知道了吗？抒情，也和写景一样，要让正确的情感出现在正确的时间。

（3）提升、深化故事语言。

师：让我们一起来回顾一下这场送别。（出示：俯临长江，飞檐凌空）地点是——

生：黄鹤楼。

师：景色分别是——

生：烟雾迷蒙、繁花似锦，烟柳依依、沙鸥点点。

师：送别的人是李白和孟浩然，他们——

生：一会儿仰望蓝天白云，一会儿远眺江上景色。

师：发现没有，这些语句有什么特点？

生：都是相互对应的一组一组的。

师：（出示：李白依然伫立在江边，凝视着远方，只见一江春水浩浩荡荡地流向天边……）这句中，你看到了谁？

生：李白。

师：孟浩然呢？

生：随孤帆远去了。

师：很奇怪，课文为什么在这里没有写孟浩然呢？

生：因为他已经离开。

师：孟浩然已离去，只剩下李白孤立在江边，所以就只写李白，不说孟浩然，更突出李白的孤独、深情。当两个人时，就写两个人之间的事；当一个人时，就写一个人身上发生的事。这是作者又一个独到之处，那就是——让正确的事情在正确的时间发生。

师：我们知道，《黄鹤楼送孟浩然之广陵》是一篇经典之作。同样，我们的这篇《黄鹤楼送别》也成为一篇很经典的课文。知道为什么啊？

生：因为这篇故事能把正确的人放在正确的地方。

生：能让正确的景色和情感出现在正确的时间。

生：让正确的事情在正确的时间发生。

师：总之，它让一切都正确地发生着。

【学生习作例文】

寻隐者不遇

高高的山上云雾缭绕，睡了一夜的小草贪婪地吮吸着甘露，小鸟唱着歌迎接喷薄欲出的太阳。薄薄的雾霭中走出一个人，这就是诗人贾岛。

山上杂草丛生，一条蜿蜒曲折的小路伸向天边。路边的花朵竞相开放，万紫千红，美不胜收，蜜蜂、蝴蝶不时在花丛中翩翩起舞。俯瞰山下，一条小溪潺潺流过，一幢幢房屋鳞次栉比，菜园、树林、田野……到处充满了悠闲的田园气氛。

贾岛踱着步，皱着眉头走在山路上，不时地环顾四周，似乎在找着什么，一副心事重重的样子。山上清新的空气、美丽的景色，都不能驱赶贾岛心中的郁闷之情。

原来贾岛要去拜访一名隐士，可怎么也找不到。突然，他眼前一亮，在一棵高大的松树下，有一位童子正在专心致志地看着一本小说，贾岛心想：也许这个儿童就是隐士的童子吧。他加快步伐，走到童子的身边，和蔼地问："请问童子，你师傅隐居在这儿吗？"童子放下手中的读本，看了看贾岛，点了点头。贾岛又问："那你知道你师傅去哪儿了吗？"童子说："不太明白……哦，也许他在山顶吧！"贾岛迫切地问："那你可知你师傅去做什么吗？"童子思考了片刻，答曰："师傅去那边采药了，但我不太清楚他的具体去处。"

贾岛翘首遥望山顶，只见那儿云雾环绕，隐隐约约看见一个人影在晃动，却又马上消失在无边无际的云雾之中……

贾岛眺望着远处，情不自禁地赞叹道："啊！多么清高、恬静、悠闲自在的生活啊！"于是，他诗兴大发，提起笔写下了这首诗——《寻隐者不遇》：

> 松下问童子，
>
> 言师采药去。
>
> 只在此山中，
>
> 云深不知处。

【教学反思】

习作教学是一项精细化、精准化的过程，教师只有将习作的知识进行序列安排，并根据学生的自身发展开展相应的教学，才能收到事半功倍的效果。讲故事，这样的活动在小学生中开展得比较广泛，也比较普遍。可以说，学生将发生在自己或别人身上的事，转述给同伴听，就是一次讲故事的过程。而我们的习作教学中，除了写一些有关景的文章，更多的是写人记事类的。写人记事类的习作，加上课程标准中提出的要让学生写想象类的习作，都需要学生拥有讲故事的本领。纵观我们习作教学中的一些现象，不难发现，我们对于学生如何规划故事，如何设置故事情节，除了强调一般化、概念化的时间、地点、人物、环境，其他再无深入。本课例具有其特别的意义。其一，它是针对编故事的专项训练，而这一专项正是学生所欠缺的；其二，利用"文包诗"的课文进行指导，既教了一般写人记事习作的方法，又因为"文包诗"需要学生根据自身的生活去推演古人那时的生活情境，所以，无形当中也锻炼了学生的想象能力；其三，习作知识的汲取过程，充满着人文精神。让学生在品读文字中，逐步明白作者的写作方法，习得写作技巧，避免了知识的生硬灌输。

通过课例，我们可以发现利用课文进行习作知识指导，效果是有的，而且可以说是一条很实用、正确的路子。只要我们的教师能在平时的教学中，多从写作的角度解读课文，从学生的写作知识角度多看课文几眼，就能发现课文的教学价值还有很多很多，也就能带给学生更多、更丰厚的收获。

2.咱们也来玩"倒叙"。

【设计说明】

课程标准强调，小学高年级习作教学应注重让学生"学会写"。由此，作为高年级教师不应该回避对习作方法的指导与传授。本课的设计，意在通过对《钱学森》一文的学习，让学生回忆、熟悉、初步运用倒叙的写法。在教学中，教师注重结合教材，充分调动学生已有的知识，并积极利用相关教学资源，让学生在具体分析、运用、实践的过程中，准确把握这一写法。

【教学准备】

学生课前搜集运用倒叙写法的报纸或书，并将所找到的报纸或书带到学校。

【教学时间】

一课时。

【教学过程】

（1）回忆写法。

师：我们平常写作文时，一般写的都是记叙文。记叙文有三种写作方法：顺叙、插叙、倒叙。顺叙，是我们非常熟悉的一种写法，相信大家已经掌握了。我们刚刚学习过的课文《钱学森》用了哪种写作方法？

生：倒叙。

师：像这样的课，我们在五年级的时候也学过一篇，你还记得吗？

生：《艾滋病小斗士》。

师：请大家回忆一下《艾滋病小斗士》这篇课文的内容，想想课文写了哪些内容，作者又是如何运用倒叙这种写法来展开叙述的。

生：《艾滋病小斗士》主要写了恩科西与艾滋病作斗争的事情。课文先写了恩科西去世时，联合国秘书长安南对他的评价，然后再写恩科西的出生、读书，以及如何与艾滋病作斗争的。

师：如果按照事情的起因、经过、结果来排列。课文《艾滋病小斗士》的顺序，哪个方面在前面？

生：结果。

师：这样的信息很重要。（教师板书："结果"）写出结果之后，其余的部分是不是按照"结果—经过—起因"的顺序来写的？

生：不是。写出结果后，接下来的内容还是按照恩科西的出生、读书以及与艾滋病斗争等顺序来写的。

师：这里又有一条重要的信息。记住，这就是倒叙的行文特点。（板书：之后按顺序记叙）

师：回到《钱学森》这一课。你再读读课文，看看作者在写钱学森的时候是不是也是按照我们刚才说的方法来写的。（学生自由读书）

生：我发现一个秘密。作者在开头采用倒叙写法后，接下来通过钱学森的两句话来表现自己想回国，而说这两句话的时间是有先后的。所以这篇课文，作者是按照时间的顺序来写的。

师：因为这样一写，文章就有条理了。（板书：按顺序、有条理）我们学课文不但要知晓课文的内容，感受文字中蕴藏着的思想情感，而且要学习、借鉴课文的写法，争取在自己的作文中也尝试着用一用。

（2）熟悉写法。

师：其实，在我们的生活中，经常能遇到使用倒叙手法的文章。课前让大家在自己的阅读经历中搜寻一些这样的例子。你能说说你在阅读哪些文章中发现了作者使用了倒叙的方法？

生：我发现《福尔摩斯探案集》中就经常使用倒叙的写法。每个案件都是写出案情的结果，然后再一步一步地倒推，最后写案子是如何破出来的。

生：侦探类的书好像都是这样的，动画片中也有，《名侦探柯南》也大都这样安排情节。

生：回忆类的文章也用，都是先写最接近写作时间的事情，然后开始回忆，按照事情发展的顺序，或者时间的顺序把事情讲完。我看过的文章中，《小木船》和《灯光》就是这样写的。

生：我妈妈看的悬疑小说也是。经常在一开头就写出悬疑事情的结果，比如先写某人一觉醒来发现自己已经不在自己生活的年代了，然后就让他开始一步一步地回忆自己之前所做的事情，慢慢揭开事情的来龙去脉。

师：大家的发现是非常有用的。还有一种文章，也常常利用倒叙的方式来写，那就是我们每天都会看的报纸上的新闻。你们在报纸上找到了这样的内容了吗？

生：找到了。

师：那我们先来交流一下。（学生交流在报纸中看到的采用倒叙写法的文章）

师：这就奇怪了，报纸上为什么会有这么多的倒叙新闻稿呢？你能给几个合理的理由吗？

生：我认为新闻中用倒叙，作者的目的是想把最精彩的部分先告诉读者，从而吸引读者的注意与好奇，然后让读者慢慢去寻找事情发生的原因与经过。

生：新闻，强调的就是一个"新"字，当然要把新发生的事情的结果先告诉大家。

生：还有，我觉得报纸的版面比较少，但信息量又比较大。读者在读的时候肯定要进行挑选。如果像一般记叙文那样按顺叙的方式来写，读者也没有多少时间来阅读。而采用倒叙的方法，一下子就让读者知道了结果。如果读者想深入了解一下内容的话，就可以再继续读一下了。

师：大家说得真好！请同学们将自己所带的报纸拿出来，找一找用倒叙方法写的新闻稿，并在小组内相互读一读。然后我们再分析新闻中倒叙写法的使用。

（学生小组内分析新闻中倒叙写法的运用，并交流）

（3）运用写法。

师：现在，请大家帮帮忙。有这样一个孩子，写下一篇作文，只有十几个字：盼望已久的春游，因雨取消了。我找他谈话，希望他再写一些内容，争取达到小学六年级的水平。可是他却振振有词，说事实就是如此，不能说瞎话。我一时也没有什么办法，孩子们，你们看该怎么办呢？帮帮他吧。

生：应该把怎么盼望春游的情况介绍一下，然后写春游因为下雨取消了。这样一来，可以形成鲜明的对比，从而让人更加觉得失望。

师：好主意。我课后就跟这个孩子说说。但我觉得，这样的写法与我们今天所说的倒叙写法没有多少联系。该怎么办呢？

生：可以这样，把这句话稍微写详细一点，形成一段文字。然后再写接下来的事情，按照提出春游，自己如何准备春游，临近春游日期时的天气情况来写。这样就是倒叙了。

师：好办法！请大家再想想，还可以写些什么内容呢？

生：写春游前自己准备吃的、喝的、用的等物品的经过。

生：写大家在一起交流畅想着春游时的各种活动。

生：写写在班级中同学们在一起讨论春游地点的过程。

生：春游当天看到下雨时大家的所做所言。

生：也可以先写自己当天起床后的各种见到的和想到的。然后再写到班级后大家的言行。

师：春游前一天晚上一定会发生一些事情。

生：对！写自己前一天晚上的各种准备、各种向往和各种担心。

生：想到心情，我觉得还可以写大家在看到下雨时的各种担心，都在焦急地等着老师来宣布春游到底是去还是不去。

师：那当老师宣布不去之后呢？

生：这时候要写大家的各种表情、语言和动作。

生：我觉得，为了表示自己和大家特别想去春游，自己和同学们都会关注每天的天气情况。大家的心情随着天气的变化而变化。

师：原来有这么多的素材可以写。那是不是要把大家刚才所说的内容全都写上？如果不需要，你打算选择其中的哪些材料？

生：我觉得不需要，可以选择其中的四到五个素材来写。如果让我选择，我就选以下几个方面的内容：当天早上起床后的所见、所想；到班级后和大家一起交流的情景；春游前一夜的心情和所做的各项准备；老师宣布取消春游后大家的反应。

生：我的想法和他（前一位同学）差不多，觉得不需要全部选。但在内容上我是不同的，我选这样几项：前一天晚上的情况；自己特别关注这些天的天气；老师宣布准备春游时我们的各种表现；自己的各项准备，以及在学校和同学讨论准备哪些物品；老师宣布取消春游时难过的心情。

师：写文章之前，一定要先仔细地思考，想想自己可以写哪些内容，之后再根据自己的需要做好各项材料的选择，这就是构思。还有不同的想法吗？

生：我觉得，每一项素材都可以写写。只是在写的过程中注意详略的安排。比如，我重点放在自己的心情变化上，特别是春游前一天的各项准备与内心的想法。然后写老师在宣布取消春游后自己和大家情绪的落差。

师：这样的想法也很好。素材有很多，如果自己舍不得删减的话，就可以采用有详有略的方法，突出重点。当然，在动笔之前还应该弄明白一点，就是这些素材怎么来排序。顺序排好了，文章的整个内容自然而然就有顺序了，也就有条理了。现在请大家根据你自己的选材来确定一下你的写作顺序。

生：我是按照时间的先后顺序来编排材料。先写老师宣布准备春游，再写自己春游前一夜的所见所想，然后写第二天早上起床后的所见所想，以及进入班级后大家的反应。最后写老师宣布取消春游之后的情况。

生：我认为，这样的作文，按照时间的先后顺序来写比较好。

生：我补充一下我的想法，在按时间先后顺序来写时，我会把之前的心情作为重点来写。老师取消春游之前，我一直都是兴奋的。在看到下雨后，心情很失落，但内心仍企盼着老师能不取消春游。最后在老师宣布取消后，心里是一种绝望的感受。

师：大家的想法都很有道理。但请记住，作文的开头应该写什么？

生：以"盼望已久的春游，因雨取消了"开头或者以扩充后的内容开头。

师：对！我们要做的是采用倒叙的写法。不管你怎么选材，怎么安排顺序，请记住，都要合乎情理，要让这篇"写不了"的作文，通过大家的想象，变成一篇六年级学生应该有的水平。如果你认为自己能超出六年级的水平，那就用你的文章来证明！现在就请你精神饱满地开始动笔吧！

【学生习作例文】

盼望已久的春游，因为天公不作美被取消了。

五天前的那一幕，仿佛还在眼前。那天下午快要放学时，班主任李老师大步流星地走进教室。"各位同学，稍安毋躁。"李老师发话了。随着他的一声令下，大家都放下了手上的书包，静静地坐在了座位上。李老师清了清嗓子说："根据学校的安排，这个周五我们班将会到滨河公园和红草湖湿地公园去春游……"

"耶——"李老师的话还没有说完，班里就已经沸腾起来了。大家都高举双手大声呼喊着。"一年来的梦想，终于可以实现了！"平时文文静静的王敏，也情不自禁地跟着跳起来喊着。而我，在听到老师的话后，就已经开始筹划着自己春游时的安排了。

日子过得总是那么的慢，终于熬到了星期四。那天下午一放学，我就拉着妈妈直奔超市。超市里的东西琳琅满目，我绕开了家电区，丢下了洗化区，径直来到了食品柜台。好吃的牛肉干、嘎嘣脆的海苔和薯片、甜丝丝的饮料……我一边看，一边朝购物车里扔。

回到家，我就开始忙活起来。我拿来了自己以前旅游时用的双肩包，把所有吃的喝的东西全都往里塞。不好！东西太多了！没办法，只能将爸爸出差时用的背包拿出来解决燃眉之急了。收拾好了，我又东跑跑，西瞧瞧，生怕自己漏了什么东西，到时候想在同学面前炫耀一番的本钱就没有了。

晚上，我躺在床上翻过来转过去，怎么也睡不着，脑海中全是春游时的情景。一闭上眼睛，自己就仿佛来到了公园，在那里一边欣赏着风景，一边拽着鸡大腿使劲地咬，还一个劲地在同学面前晃悠，就怕别人不知道自己有好吃的。刚想睡，又感觉自己是不是遗漏了什么东西，于是口中喃喃地念着物品的名称，跳下床，翻翻包，一件一件数了好几遍才安心地上床。唉……这一夜，我自己都不知道是什么时候睡着的，迷迷瞪瞪中天就亮了。

一阵"沙沙"的声音，将我从睡梦中拍醒。"什么情况？"我三步并作两步来到了窗前。"大事不妙!"我大叫了一声。窗外的雨淅淅沥沥地下着。怎么能在这么重要时间下雨呢?怎么能在我没有春游的情况下下雨呢?上天太不公平了!我这企盼一年的春游呀!

来到班级,大家的脸上都笼罩着一层看不见的雾。是这不该来的雨,冲走了大家的好心情。我和同学都闷闷不乐地坐在各自的座位上。有几个同学还在一边双手合十,一边嘴里嘟囔着:"苍天啊,大地啊,保佑保佑我们啊。就算是雨天,学校也不要把这次春游活动给取消了。我们宁可冒着瓢泼大雨,也要在公园里留下春的脚印。"

教室的门开了,李老师慢悠悠地迈进来。看了看外面的天,又看了看我们,长叹一声:"孩子们,春游,因雨取消了。"

【教学反思】

任何知识的汲取都应遵循学生的认知基础。本课例中,教师充分依赖学生的知识储备,借助对已学过课文的回忆、分析,以及对现有课文的结构观照,自然地归纳出倒叙这一写作方法的基本要求。由于学生课文学习扎实,所以原本需要讲授的内容,教师采用学生汇报的形式来呈现,避免了写作知识的生硬介入,也让知识更容易被参与课堂的学生所接受与认同。所以,课的开始阶段显得灵动而有效。

我们说,教师不仅仅是教材的执行者,更应该是课程的开发者。本案例中,教师从学生与生活出发,将生活纳入课堂教学的体系之中,使"新闻稿"这一常见的文体形式,很容易与学生产生亲近,从而形成自觉阅读,为进一步熟悉倒叙这一写法,打下了良好的基础,从效果来看,也比较明显。

读写结合的形式有很多,但许多老师在进行这方面的实践时,只是简单地让学生仿照着写,具体在材料的选择与安排上,很少有教师问津。即使在作文教学中,由于部分教师歪曲了"自由作文"的深刻内涵,都只是对学生进行一般审题与内容要求后,就让学生"自由写作",缺少了方法、策略的引领。如此的教学,学生能写出的,也都是一些干瘪的内容。课例中,教师在让学生进行练笔之前,从取材和顺序两个方面进行引导,让学生在具体的实践中,明白取材的方式方法和材料顺序的排列技巧。而这些方法与技巧对学生写作素养的提升起到了不可替代的作用。

二、教材中的习作教学

1.《记一件亲身经历的事》教学实录。

【设计理念】

课程标准指出：习作是学生精神生活的一部分，习作需要自身的真切体验，需要真挚的情感投入。小学习作的目的不仅在于训练学生反映客观事物的能力，还在于培养他们抒发真情实感的能力。本堂课的设计就是让学生通过细致的描写，引导他们写真事，抒真情。

【教学目标】

（1）能够通过一件亲身经历的事表达自己的真情实感。

（2）经历打开心情、发现心情、诉说心情的过程，学会把经历说具体，把感受说真切。

（3）注意将事情写具体，表达自己的真情实感，题目自拟。

【教学重点】

（1）展开联想，从丰富多彩的记忆中选择亲身经历的事来写。

（2）学习通过细节描写把事情写具体，包括把人物的动作、表情、语言和心理活动写清楚，从而准确地表达真情实感。

【教学难点】

引导学生选择一些有意义的小事作为写作材料，并把这件事写具体。

【教学准备】

多媒体课件。

【教学过程】

（1）激趣导入，积累运用。

师：经过五年的学习，相信大家肯定积累了不少词语，下面我们来做个小游戏，"看脸谱说词语"。（课件分别出示四张代表喜、怒、哀、乐的脸谱）色彩绚丽尽现人生百态，这就是京剧脸谱的艺术魅力所在。

师：谁能根据我出示的脸谱说出词语呢？最好是成语。

师：我们先从"喜"字开始。

生：喜从天降，欢天喜地。

生：合不拢口。

生：惊喜若狂，大喜过望，喜出望外。

生：沾沾自喜。

生：得意忘形，眉开眼笑。

…………

师：刚才大家说了这么多的关于"喜"的成语，当然了，还有很多。我们接着说说关于"怒"的词语。

生：大发雷霆，怒气填胸。

生：大动肝火。

生：勃然大怒，怒火中烧。

生：火冒三丈。

…………

师：好的，运用得都很准确，那表示"哀"的词语呢？

生：肝肠寸断。

生：泪如雨下。

生：心如刀割，痛不欲生。

生：捶胸顿足。

生：泣不成声。

师：说得真好，表示"乐"的词语。

生：手舞足蹈。

生：兴高采烈。

生：欢声雷动。

生：兴致勃勃。

生：乐不可支。

…………

评析："看脸谱说词语"的游戏环节，是所有学生都能参与的学习活动，是所有学生都能跨过来的"门槛"。作为本节习作课的开端，既让学生在交流活动中找到了自己的自信，为今后学习中主动积累词语注入了动力，也为本次习作中词语的运用进行了铺垫。

师：看样子同学们平时积累的词语真多，为你们的博学多识点赞！

师：你们刚才的表现棒极了！大家看，这四张神情各异的脸谱告诉了我们四种不一样的心情。

师：它们分别就是——

生：喜——怒——哀——乐（引导学生说出）。

师：（板书：喜怒哀乐）这些表情丰富的脸谱中肯定有一个最能触动你的心

弦，也许我想起了那次，我真高兴，因为老师表扬我关心班集体；也许我想起了那次，我真伤心，因为我被同学误解了。那么你呢？让我们静静地看着，默默地回忆，然后用一句话简单地告诉我这件事情。

生：当我考试第一次得了满分的时候，我欣喜若狂。

生：当我得到家长表扬的时候，我沾沾自喜。

生：当我被同学戏弄时，我感到很愤怒。

生：当我的东西被别人弄坏的时候，我会发怒。

生：我的外婆去世的时候，我泪如泉涌。

生：我完成了一项重要任务的时候，会如释重负。

生：过生日，我的朋友为我祝福时，我会眉开眼笑。

…………

评析：兴趣是学生习作的一种内驱力。这一导入环节的设计，一方面激发了他们的兴趣，另一方面调动了他们对各种情感的记忆，为后面的习作做好铺垫。在学生说经历的过程中，悟出讲述的要点，不露痕迹地渗透了表达方面的指导。

（2）范文引路，点拨方法。

师：生活中人人都有喜怒哀乐的时候，老师也不例外，（出示笑脸图）每当看到这张笑脸，我就想起了曾经经历的一件往事。

师：我来与大家分享我的幸福之事。（课件出示，并朗读"下水文"）

我尝到了幸福的滋味

暑假里的一天中午，我和几个多年未见的老同学一起吃饭，席间大家一时兴起，喝了点啤酒。不到半刻，不胜酒力的我脸颊早已红云片片，整个人飘飘欲仙了。

吃完饭回到家，刚打开门，只见儿子光着脚丫欢天喜地地出来迎接我，我弯下腰准备去抱他。他的两只小眼睛直勾勾地盯着我的脸，表情一下子变得严肃紧张起来，我"扑哧"一笑，以为他是被我的这张关公脸给吓着了，刚想解释，儿子伸手摸了摸我的额头。"呀，妈妈发烧了，头好烫呀！"一边惊讶地叫着，一边把我拉到床边，"命令"我："快躺下！快躺下！"还屁颠屁颠地找来他的小枕头给我垫上。

我暗自发笑，原来他是把我当病人了！以前都是我照顾他，今天倒要看看他是如何照顾我的。索性，我就装起病来，故意"哎哟哎哟"地大叫头疼。儿子一听，立马冲到卫生间拿来一条湿毛巾，学着我以前照顾他的样子，将毛巾叠成长条，小心翼翼地贴在我的额头，安慰我说："别怕，给你降降温，马上就好了。"说着又变戏法似的将一瓶酸奶递到了我的嘴边，我笑着推给他喝，可他坚持让我喝，还说："妈妈喝了头就不疼了。"

在儿子的监督下,我慢慢地喝起了酸奶,望着眼前五岁大的儿子,一种幸福的滋味涌上心头……

师:听了老师的故事,你有什么感受?

评析:杠杆原理告诉我们,支点是杠杆发挥作用的关键。找准了支点,能够四两拨千斤;找不到支点,则事倍功半。"下水文"的出示,不仅一下子拉近了师生间的心理距离,还给学生一次思路的引领。

师:这是生活中一个真实片段,看看老师是如何将这件小事写具体的呢?

生:老师将自己的心理描写得很细致。

生:我觉得老师的动作描写很好。

生:老师的神态描写很真实。

生:我觉得老师将自己的经历如实地记录下来了,所以很感人。

…………

师:同学们分析得很具体,很全面。所以我们在写一件事的时候也要注意人物的语言、动作、心理、神态等方面的细节描写哟!(板书:语言、动作、心理、神态)

师:听了老师刚才读的文章,会让你想起自己经历的一件什么事呢?当时内心有着怎样的感受呢?不妨用你的笔说一说。

评析:让学生有了写作的欲望而没有必要的指导,这样的习作教学是放任自流、浮光掠影的,在学生知道写什么之后更要清楚怎么写,决不打"无准备之仗"。

(3)自主习作,尽情表达。

师:在同学们动笔叙述之前,我提几点要求:

①语句通顺,用词准确。适当地应用比喻、排比等修辞手法。

②能正确地使用标点符号,段落清楚,切忌首尾一大段。

③注意从动作、语言、神态、心理等方面展开细致描写。

师:下面就用你们的笔,记录下你亲身经历的一件事吧。(学生自主习作,教师巡视指导,发现典型习作)

评析:千万别忽视这个别交流。在学生思路受阻、表达不畅的时候,教师能"雪中送炭";在学生思如泉涌、文思不断的时候,你也能"锦上添花"。

(4)交流评议,资源共享。

师:刚才我仔细看了同学们的习作,有很多同学都能紧紧围绕要求,尽情吐露自己的经历,谁愿意将自己的习作与大家分享一下呢?(一生上台展示自己的

习作，教师投射到大屏幕上）

爸爸，您真的疼爱我吗？

爸爸，我是您的独生儿子，也是妈妈的"掌上明珠"。但是您真的疼爱我吗？爸爸您先别生气，我是有感而发啊！

爸爸您还记得四年级下学期期末考试时的那件事吗？由于我的粗心，数学考试连错三大题，因此，只考了86分。这个分数对于任何人来说都特别低。离您的期望——95分还差9分。

我怀着坎坷不安的心情在学校门口等您。您来了问："儿子，考了多少分啊？""8……86分"，我轻声回答。"你怎么才考86分呢！"您严厉的眼光让我害怕，严厉的声音让周围的人听得清清楚楚。接着又说："回家看我怎么收拾你这小子。"我一路在想：这回惨了。一回到家您就对我大骂："你怎么才考86分呢？你怎么考的？真是昏过头了。"说完从我手中夺过试卷。您一看又像拿着证据一样大骂起来："这个周末你别想出去玩了，除了上兴趣班。"我心想：爸爸难道您像我这么大的时候每次都考100分吗？可是这样向你顶嘴等于"火上浇油"。所以，我只能在心里想，不能说出来，只能继续面对您狂风暴雨般的批评。

晚上我怎么也睡不着。爸爸，我想不通，为什么您对我的要求总是那么高，仿佛我生下来就是考高分的料一样；我想不通，您为什么不允许我犯一点错误；我想不通，您为什么总是关心我的成绩而不关心我的想法。

爸爸您为什么总是关心我那变幻莫测的分数呢？为什么不关心我的生活呢？

师：他用一个疑问句作题目，一下子抓住了读者的心，产生了阅读欲望，请同学们对这篇习作谈谈你的感受。

生：我觉得他用的"坎坷不安"词语不妥，应该用"忐忑不安"。

生：我发觉他的心理描写很到位，很真实，也说出了我们考试没有考好的心理感受。

…………

师：希望大家的建议能有助于我们进一步修改习作，谁再来读一读你的习作？（学生习作展示在大屏幕上）

逛公园

星期天，我和爸爸妈妈一起去逛公园。

我们来到了公园里，树林里的小鸟"啾啾"地叫个不停，我感到特别惬意。河里的金鱼在欢快地游泳，把河水弄得"哗哗"直响，我一走近，它们都被吓跑了。

我来到花坛边，几只蜜蜂正在辛勤地采蜜，凑近一瞧，还可以听到"嗡嗡"的叫声呢！突然，我听到小狗"汪汪"地叫着，转头一看，远处，有两只小狗正在吵架呢！起风了，树叶被风一吹，"沙沙"地直往下落，踩在落满树叶的小路上"吱吱"作响。这些树叶好像在为逝去的青春哭泣呢！风"呼呼"地越刮越大，太阳也渐渐西落了，我和爸爸妈妈来到了出口。顿时，各种嘈杂的声音不绝于耳。有自行车的"丁零"声，有小轿车的"嘟嘟"声，还有小贩们的叫卖声。

我和爸爸妈妈手挽手，迎着晚霞，沿着小河向家的方向走去。

师：你们觉得这篇习作有什么特色？你们有什么修改建议吗？

生：我认为他把公园里的声响描写得形象、生动。

生：他描写声音的词语很丰富，而且没有重复的。

生：我建议他要把自己的心理感受写进去。

…………

师：时间有限，我们就不一一展示同学们的习作了。根据刚才两篇习作的展示以及同学们的评价意见，请你们各自再进一步修改自己的习作。

评析：生生互动，互相欣赏，互相修改，才能使他们有被同伴欣赏的"知音"之感，架起师生、生生相通的桥梁。习作评议也是习作再指导的过程，让学生在交流中学会欣赏，在交流中学会修改。在交流过程中，学生共享了细节描写的方法、内容、角度，知道了尽管是平常事，只要抓住细节描写，同样能使文章精彩。以细节描写为支点，鼓励学生依托生活，依托范本进行练笔，如此才会让学生常写常新。

（5）自主修改，学以致月。

师：我相信大家在评议交流的过程中，一定掌握了更多的细节描写的方法，也一定找到了将自己的习作写得更精彩的途径。请大家再次修改自己的习作，将最终稿誊写在作文本上。（学生将自己再次修改后的习作誊写在作文本上）

【总评】

这堂习作课，教师能整体把握，潜心设计，目标落实彻底，重难点分化细致且不露矫揉造作之态，主要表现在下面三个方面。

（1）精心导入，渐入佳境。

老师在上课之前与同学们交流，实际上是拉近了与学生的情感距离，更为学生营造了一个宽松和谐的课堂心境。因为大部分学生或多或少地存在着一些心理障碍，那就是惧怕作文。而执教老师这种看似平常的交流，却是一种心理暗示：你们都很棒！

一堂作文课并不是看学生有多少优美的文章产生，而是看学生在教学过程中是否都参与了课堂。只有触及学生心灵的深处，才能使他们迸发情感。老师通过真情表露，激起了学生心底的涟漪。

（2）循循善诱，体味细节。

老师冲破传统作文教学的桎梏，设计了开放而活泼的习作课。我们传统的作文教学模式绝大多数是老师进行泛泛地作文方法讲解，频频地提出习作要求，娓娓地范读一篇篇例文，留给学生的口头表达空间极少极少。对这种方法，学生只能对老师的教学懵懂，自己的习作也毫无实感，更无真情，只是一篇篇范文的复制与克隆。

再看这一节课，从"看脸谱，猜词语"的游戏导入，到分别以喜、怒、哀、乐说说自己的生活体验，将学生渐渐地引入习作的氛围中来，同时让学生知道习作就是用语言文字符号记录生活体验的练习。老师的那一篇"下水文"是学生情感共鸣的一个基点，也是他们自我真情表露的起点。

习作的本质目标是反映生活、提炼生活，有了生活的经验才有言语的迸发。执教老师通过一系列活动环节，并通过学生的口语交际训练，由浅入深，启发学生的思维，真正地诱发了学生"我手写我口"。学生下面的习作环节及交流评议环节真实有效地体现了他们学习的收获。

（3）以生为本，关注未来。

课程标准指出，语文学科具有工具性、交际性，说明我们语文教学的目标是让学生正确理解和熟练运用祖国的语言文字。因此，我们的教学不能停留在语文学习的表面。这堂课的习作教学并没有把眼光只盯在目前所上的这堂课上，而是着眼于学生的发展，着眼于累积学生智慧生命的基石。学生在这节课上所受到的启发、激励、指点，所体验到的兴趣、欢乐、热情，所迸发出的心灵的火花，都将在他们今后的生命历程中熠熠闪光。老师在习作教学中通过"下水文"、学生的范文，引领学生总结出什么叫"真情实感"，怎样做叫"具体"，什么样的描写是语言、动作、神态、心理描写。比起那种枯燥的习作方法的说教来说，用具体、清新、率真的语言文字，更能让学生具体形象地习得习作的方法。

这堂课的教学通过启发、诱导，不但调动学生一切智力与非智力因素，使学生学会了用语言文字符号记录生活体验，而且为学生习作的成长奠定了生命的基石，这种智慧、情感和灵性的积淀，远比学会几个词语、掌握几种句式、记住几种习作方法，对学生更有好处，真正体现了以生为本，真心关注了学生的未来发展。

总之，这堂课是朴实的、创新的，让学生在轻松愉悦的情境中认识细节、学习细节，尝试写细节，体验写细节的乐趣，使学生做到了一次生命流淌。

2.《我喜欢或敬佩的一个人》教学实录。

【教学理念】

习作教学实践表明，在成功的作文课中，积极的健康情绪能有力地推动全班学生认真观察、积极思考、踊跃发言，兴趣盎然地投入写作活动中，取得较好的效果。反之，如果大多数学生在习作课上过度紧张、恐惧，甚至有些厌恶的情绪，必然导致习作教学的失败。本教学设计侧重激发学生习作的兴趣，采用比赛的办法，让学生了解习作的重点，更易于接受，从而产生倾吐表达的欲望，奏响心曲，实现理与趣的和谐相融。

【教学目标】

（1）训练学生写自己喜欢或崇拜的人，提高学生写人的能力。

（2）学会通过人物的外貌、动作、语言、神态表现人物的特点，通过具体事例表现人物的品质。

（3）继续锻炼、培养学生修改文章的能力。

【教学重难点】

引导学生通过人物的外貌、动作、语言、神态表现人物的特点，通过具体事例表现人物的品质。

【教学过程】

（1）激趣谈话，明确主题。

师：在日常生活中，我们接触过许多人：父母、同学、老师……通过书刊、电视等也了解了很多人：革命前辈、英雄模范、时代精英……在这些人中，相信大家一定有自己喜欢或者崇拜的一个人，今天，我们就来写一写他（她）吧。只要大家好好听，用心想，认真写，说不定你写的作文还能上报呢。

生：我最敬佩的是我的爸爸，因为他是我们家中的顶梁柱，天大的困难他都能克服。

生：我最崇拜的是邻居李叔叔，因为他乐于助人，长期以来，他做了不计其数的好人好事。

生：我最敬佩的是大街上的环卫工人，我每天一早去上学，在大街上都能看到他们忙碌的身影，无论刮风下雨，天天如此。

…………

师：听得出来，大家心中都有自己喜欢或者崇拜的人，他（她）们不仅是我们身边的同学、老师、朋友、亲人……还有神话传说中的人物、体育健将、影视名人等。

评析：话题切入一定要结合学生的生活实际，但也不要拘泥于身边的人，要激发学生写作的兴趣，打开学生的思路，让每一位学生都有话可说，为下面学生进一步说话写话做好铺垫。

（2）组织材料，确定人物。

师：前两天，就让同学们预习了本次习作要求，大家都做了相应的准备。下面就把你喜欢或崇拜的人给大家介绍一下吧。

师：大家先思考一下，觉得应该从哪些方面来介绍？

生：想好要介绍的人有什么特点，他（她）的哪些方面表现出了这些特点？

生：他（她）长什么样？说话有趣吗？有没有在说话、做事方面和他人不一样的地方等。

生：我们还应该重点讲清我为什么喜欢或者崇拜他（她），他（她）的哪件事让我喜欢或者崇拜？我崇拜他（她）什么？

师：在叙述人物特点的时候，我们是不是还可以用上一些"描写人物品质"的词语呢？比如说……

生：拾金不昧，勤劳能干，孝敬老人，尊老爱幼，一视同仁。

生：一清二白，大公无私，正直无私，执法如山，严于律己。

生：忠心耿耿，堂堂正正，谦虚谨慎，豁达大度，宽厚待人。

师：还有哪些？

生：襟怀坦白，舍己为人，见义勇为，救死扶伤，诚实守信。

生：奋不顾身，兢兢业业，自强不息，奋发图强。

师：同学们小脑瓜里积累的词语真多，这些都是描写人物品质的，你能按照下面填空的形式，再用上一些描写人物品质的成语给同学们说说你最喜欢或者最崇拜谁吗？能简单说说他（她）的事例吗？

出示填空：

我最喜欢（敬佩）的人是_____，因为他_____。

生：我最喜欢的人是我的爸爸，因为他救死扶伤，诚实守信。

师：听得出来，你的爸爸一定是一位出色的医生。

生：我最喜欢的人是我的妈妈，因为她孝敬老人、尊老爱幼。

师：嗯，你爷爷奶奶的晚年生活一定很幸福！

生：我最敬佩的人是王老师，因为他兢兢业业。

生：我最敬佩的人是环卫工人，因为他勤劳能干，舍己为人。

师：嗯，舍小家，为大家，为我们大家创造了一个良好的生活环境。

…………

师：看来同学们都有一双善于发现美的眼睛，不管是你的亲人、朋友，还是你从书籍报刊、电视媒体中看到的人，同学们都能从他们的身上发现一些美好的东西。这些美好的东西吸引着你，值得你去学习、模仿和借鉴。这节课我们就来学习写一篇通过具体事例表现人物品质的作文。（板书：我喜欢或敬佩的一个人）

师：谁都可以，只要是你喜欢或者崇拜的人都行。

出示习作要求，学生齐读：

每个人的心里都有自己喜欢或崇拜的人。这个人可能是革命前辈、英雄模范，可能是你的父母、同学、老师，也可能是你从书籍或报刊、电视等媒体中了解到的人……用你的笔介绍一下这个人吧。要通过人物的外貌、动作、语言、神态表现人物的特点，要通过具体事例表现人物的品质。

师：这次习作向我们提出了哪些要求？

生：写自己喜欢或者崇拜的人。

（板书：喜欢　敬佩）

生：写的时候要抓住人物的动作、语言、外貌、神态等方面展示人物的特点。

（板书：动作、语言、外貌、神态、心理）

生：还要列举一两个典型的事例，通过具体事例表现人物的品质。

（板书：具体事例）

师：那就请同学们先想后说，先四人小组练习说，然后选出一名代表准备参加班内比赛。

出示评分标准（满分5分）：

A.能抓住特点介绍人物外貌，给人印象深刻。（1分）

B.能把人物的事例介绍具体，从动作、语言、神态等方面展示人物特点。（2分）

C.事例较典型，能有力突出自己的喜欢或崇拜。（1分）。

D.能按顺序、有条理、较流畅地介绍清楚（1分）。

评析：在此环节中，教师尽力引导学生将思路打开，通过比赛进一步激发学生习作欲望，多层次、多渠道地拓宽选材思路，使写作内容走向开放，另外要把握学生的发言，在文章的详略安排、内容的择取等方面给予一些精要的提示，这也是安排比赛环节的初衷，使学生更易于接受，少走弯路。

（3）根据所说，打草成文。

师：写作文一定要抓住习作要求，这篇作文要求我们不仅要选好典型人物，选好典型事例，还要抓住描写人物的动作、语言、外貌、神态等方面展示人物的特点，敢于说真话，写真事，表达出自己的真情实感。习作前让我们共同欣赏一篇例文《我最崇拜的人》，学习一下作者写人的方法和技巧。（课件出示《我最崇拜的人》）

我最崇拜的人

我的爸爸是个医生，他是我最崇拜的人之一。爸爸中等个，有点胖。他的头不是很大，留着一头短发，看着特别精干。长方形的脸上长着像月亮似的一对眉毛，眉毛下面的双眼炯炯有神，高高的鼻梁下是一张微厚的嘴唇，微粗的脖子下是他宽阔的肩膀和结实的身体。

我之所以崇拜爸爸，是因为他对工作尽职尽责。记得去年冬天，正是过年的时候，外面下着大雪，已经十点多钟了，路上铺上了厚厚的一层雪，几乎看不见行人，我们一家三口正在家中看联欢晚会。突然听到爸爸的手机响了，听不见对方的声音，只听见爸爸严肃地回答："好，你们先把病人平躺，不要让他乱动，我十分钟就能到！"爸爸说完，三步并作两步，拿起外套，背上理疗包，连招呼也没有打，就急匆匆地下楼了，转眼间消失在风雪中……

我之所以崇拜爸爸，是因为他品德高尚，清正廉洁。一天晚上，家里来了一位手提礼品的陌生客人，来到家里后，对着爸爸不是握手就是鞠躬的，不停地对爸爸说："谢谢您，如果那天不是您及时抢救，我老娘就过去了。"待了一会，客人要走了，他对爸爸说："你把我老娘的病治好了，我真感激你，这点礼物请您务必收下。"爸爸一听连忙说："治病救人是我们的天职，为病人服务是我们的义务。这礼物我不能收，请您不要客气，不要让我为难！"爸爸的（态度很坚决），客人没办法，只好把礼品收起来走了。好多次都是这样，爸爸为病人医治后从不收取病人的礼物。为此，爸爸得到了他们院领导和病人们的一致好评。

爸爸的医术高明，但是人品更高尚。爸爸是我最崇拜的人，我长大以后也要学爸爸这样，做一个对社会有用的人！

师：请同学们认真地读一读，厘清作者的写作顺序，学习作者的写作方法，感悟作者的表达技巧。用自己喜欢的符号标下描写爸爸外貌、动作、语言、神态的句子，画出过渡句和首尾呼应的句子。

师：描写外貌的句子有哪些？

生：爸爸中等个，有点胖。他的头不是很大，留着一头短发，看着特别精干。

生：长方形的脸上长着像月亮似的一对眉毛，眉毛下面的双眼炯炯有神，高高的鼻梁下是一张微厚的嘴唇，微粗的脖子下是他宽阔的肩膀和结实的身体。

师：描写动作的词语有哪些？

生：三步并作两步、拿起、背上。

生：急匆匆、转眼间。

师：描写语言的句子又有哪些？

生：好，你们先把病人平躺，不要让他乱动，我十分钟就能到！

生：治病救人是我们的天职，为病人服务是我们的义务。这礼物我不能收，请您不要客气，不要让我为难！

师：文中还有两个过渡句，大家能找到吗？

生：我之所以崇拜爸爸，是因为他对工作尽职尽责。

生：我之所以崇拜爸爸，是因为他品德高尚，清正廉洁。

师：老师也找到了两个小句子，同学们看看，这两个句子在文中又起到什么作用呢？"我爸爸是个医生，他是我最崇拜的人。""爸爸不但医术高明，而且人品也高尚。爸爸是我最崇拜的人，我长大以后也要学爸爸这样，做一个对社会有用的人！"

生：这两个句子在文中起到了首尾呼应的作用。

师：描写人物的特点，要抓住人物的外貌、语言、动作、神态等细节来写，那么像描写外貌、语言、动作、神态、心理的词语，你又会多少呢？

师：小作者是按什么顺序写自己的爸爸的？

生：主要抓住爸爸的外貌——两个具体事例（每个事例前都有一个过渡句兼本段的中心句）——能做到首尾呼应体现爸爸的品德高尚。（板书：首尾呼应过渡自然）

师：小作者抓住两个事例来描写他的爸爸，都进行了哪些细节描写？

生：有外貌、动作、语言、神态等细节描写。（板书：外貌、动作、语言、神态等细节描写）

师：通过分析例文，我们感悟到小作者为了突出爸爸的高尚品德，运用了外貌、动作、语言、神态等细节描写的方法，通过开门见山的"我最崇拜我的爸爸"和结尾的"爸爸不但医术高明，而且人品也高尚。爸爸是我最崇拜的人，我长大以后也要学爸爸这样，做一个对社会有用的人！"写出了自己的真情实感。

中间的二三段是对爸爸的两个事例进行详细描写，这就是小作者的思路，写作文的提纲。

出示例文提纲：

第一段：（总）开门见山——外貌描写

第二段：（分）过渡自然——事例翔实　外貌、动作、语言、神态、细节描写

第三段：（分）过渡自然——事例翔实

第四段：（总）前呼后应——突出品质

师：作文的提纲有很多种，有的是"总—分—总"的形式，有的是"总—分"的形式。同学们学着例文中小作者的写作方法，根据你刚才介绍的我最喜欢（崇拜）的人，草拟出你要写的内容，先列一个提纲。

学生根据习作要求列出提纲。自由练说、小组内交流、全班交流。

为了激励学生的写作兴趣和热情，最后再把优秀作文以故事的形式让作者读出来，这样就呼应了课的开始："我最喜欢（崇拜）的人是_____，因为他（她）_____。"我这样做的目的，是让学生在学写作文的同时，也能学到做人的道理。

（4）下笔成文，习作实践。

师：把我们喜欢或崇拜的人介绍给大家是一件多么让人愉悦和满足的事情啊！大家拿起笔来，把你心中最喜欢或者最崇拜的他（她）写下来吧！

学生列提纲，教师巡视，及时给予个别辅导。

（5）修改习作，交流评议。

师：有一句话叫"文不厌改"，这就是说好文章是改出来的。请同学们把自己写的这篇作文认真读几遍，把错别字改正过来，把不通顺的地方改通顺，把需要增加的内容加上去，需要删除的地方划掉。

1）相互修改。

自己修改满意了，把作文读给同桌听，征求一下别人的意见。

2）交流习作，师生评议。（学生朗读自己的习作）

师：还有谁愿意将自己的习作读给同学们听？其他同学注意听，看看哪些地方写得好？哪些地方还需要修改？

3）让读习作的学生自我评价，体验习作给自己带来的快乐。

4）与学生一起参与习作的评价，要引导学生公正客观地评价他人的习作，分享他人习作的快乐。

评析：这一个环节的教学，体现了学生为主体的精髓。在进行作文评价时，笔者采用小组内评优的原则，选出每位同学的亮点给予肯定，根据出示的温馨小提示"我要修改的是……"让学生对照提示进行再次修改，用不同的符号标画出描写人物细节的句子和词语，这样一来，有对照，有借鉴，面对自己作文的不足，同学们能做到有则改之，无则加勉的地步，习作的质量无疑又上了一个台阶。

【板书设计】

我喜欢或敬佩的一个人

外貌

动作

语言　　　细节描写

神态

3.《介绍家乡的一种产品》教学实录。

【教学理念】

本次习作是写家乡的一种产品，介绍的内容很广泛，可以是农副产品，也可以是工业产品。要写清楚产品的外部特征、价值、用途等，语言表达要有序、具体、活泼生动。为了全面深刻地了解这种产品，还要进行认真观察，查阅资料或者调查访问。要在语文实践活动和习作过程中培养"学生留心观察周围事物，有意识地丰富自己的见闻，珍视个人的独特感受，积累习作素材"的习惯和"乐于表达"的兴趣。在积累丰富的知识和真实的见闻之后，习作就可以水到渠成。因此，指导学生观察、调查家乡产品是本次习作的"源头活水"。

【教学目标】

（1）通过阅读例文《银杏》，懂得要全面了解某一事物，光靠看是不行的，还得调查、咨询、查阅资料。同时了解其主要内容和写作思路，初步感知作者是抓住哪些方面来写银杏的，学习小作者有序、细致、生动的表达方法。

（2）能在习作中介绍家乡的一种产品，先介绍它的外部特征，再写出它的价值或用途等。

（3）通过对家乡这种产品的观察、调查、咨询、查阅资料，提高学生搜集资料、运用资料、合理表达等综合能力。

（4）通过全面了解、介绍家乡的一种农副产品或工业产品，培养学生热爱家乡的情感。

【教学重难点】

本次习作应把着力点放在指导学生搜集习作材料上，通过观察、调查、访谈等多种方法，运用上网、查阅资料、请教别人等多种途径，引导学生走出家门和校门，到社会、自然等更大的天地去有意识地搜集材料，努力提高学生搜集习作素材的能力。同时，要指导学生在习作过程中学会运用资料，学会表达时要有序、清楚、明白，表达时要注意详略得当，进一步使学生养成"留心观察生活"的良好习惯。

【教学准备】

（1）学生把观察家乡产品过程中的所见、所闻、所感和搜集到的家乡产品的有关文字知识、图片等，集合制作成风格各异的"家乡资源库"。

（2）制作产品资料（图片、文字）的课件。

【教学过程】

第一板块：激趣导入，搜集素材。

（1）谈话导入，启发话题。

师：同学们，一提起我们的家乡美丽的安徽天长，我们的心里一定会充满自豪之情，因为她风景秀丽，像一颗明珠镶嵌在安徽的东部。家乡人民用辛勤的汗水创造了许多财富：水果、蔬菜、水产品、风味食品、工业产品……这些家乡的特产有的在全国畅销，有的甚至远销海外，你都知道哪些家乡的特产？

生：龙岗芡实，"俣俣"牌大米。

生：天长甘露饼，京彩松花皮蛋。

生：秦栏卤鹅，天长三黄鸡。

生：秦栏大脆，天长雪片糕。

生：藕夹子，高邮湖银鱼。

师：看来同学们对吃的都很感兴趣，那么除了吃的，我们天长还有哪些特色产品？

生：长毛绒玩具，遥控电子产品。

生：太阳能硅晶板，天康新能源汽车。

通过启发谈话，引导学生初步了解家乡的每个地方都有独特的产品，为进一步调查研究家乡的特产，提供了丰富的话题，引发学生热爱家乡的情感。

（2）选择话题，列举提纲。

师：在众多的产品中你最熟悉哪一种呢？它既可以是工业产品，也可以是我们熟悉的农副产品；它既可以是最有特色、名气最大的，也可以是你最喜欢的。

师：希望通过你的介绍，把你对家乡的热爱之情、对家乡特产的喜爱之情传递给听者。那么，你打算从哪些方面介绍这种产品呢？（学生思考，确定介绍的产品，然后讨论从产品的哪些方面进行介绍）

师：你打算介绍产品的哪些方面？

生：我最喜欢秦栏卤鹅，我打算介绍它的外形、颜色、味道、食用方法等。

生：我最喜欢藕夹子，我会向大家介绍它的颜色、味道、制作工艺以及它的由来。

生：我准备向大家介绍长毛绒玩具，因为我们天长是全国有名的长毛绒玩具之乡。我会介绍长毛绒玩具的生产过程及其种类、价值、用途。（板书：产品名称、外部形态、价值、用途、特点……）

师：在介绍这种家乡特产时，你有什么困惑吗？

生：有，有的东西虽然很熟悉，但是以前真没仔细观察过。

生：对于一些工业的知识了解得很少。

师：如果对这种产品了解得不够深入全面时应该怎么办呢？我们同学们又该通过哪些渠道来获取自己想要的知识？

生：可以去问身边的人，比如爸爸、妈妈、爷爷等。

生：可以通过咨询调查或上网。

生：可以查阅专业类的书籍了解有关知识。

生：可以去当地的厂家参观。

师：请同学们根据自己想要介绍的产品，自由组合，制订一个调查计划提纲。然后分组调查，把看到的、听到的、尝到的、感受到的等调查资料记在资料卡上。

课程标准指出要"养成留心观察的习惯，有意识地丰富自己的见闻，珍视个人的独特感受，积累习作素材"。结合本次习作的特点，指导学生通过观察、调查、访问等形式积累好素材，这是写好作文的基础。同时，以小组的形式完成活动，既有利于学生自主、合作、探究作用的发挥，也有利于思维碰撞。

第二板块：指导构思，完成习作。

（1）谈话导入，激活素材。

师：同学们，课前为了了解家乡的一种产品，你们做了大量的调查研究，通过调查有什么收获？

生：放学我去了妈妈工作的长毛绒玩具厂，亲眼看着工人是如何把不同的布料变成了各种各样的玩具，制作工序真多，工艺真复杂，真了不起！

师：你一连用了三个"真"，看来你观察得也真仔细！

生：我在家里和妈妈一起做了藕夹子，又是切藕片，又是做肉馅，妈妈是得心应手，我只是帮忙，却手忙脚乱，要想做得色、香、味俱全真不简单！

师：这节课我们继续走进家乡，了解家乡丰富的特产。如果你向来我们家乡的游客介绍家乡的特产，你想介绍什么产品？先介绍产品的什么？再介绍什么？重点介绍什么？把调查相同产品的同学分为一个小组，现在我们进行讨论交流。（学生分组，根据已调查的资料讨论交流。在小组内选一名介绍得比较全面、生动的同学，代表小组以"家乡产品访谈"的形式，介绍家乡的特产）

（2）创设情境，介绍产品。

师：同学们，我们家乡是个富饶的地方，今天我们请来了几位同学作为嘉宾给大家介绍家乡产品，大家欢迎！（每小组选取3~5名同学围坐在一起上台访谈，在访谈时他们之间可以互相提醒，互相补充相关资料）

生：今天我给大家介绍的是家乡的特色食品——藕夹子。先将鲜藕切片，猪肉做成肉馅，鸡蛋打成糊状，然后在两片藕中间放入少量肉馅，再裹上鸡蛋，放入油锅中炸。

生：我觉得应该说清楚鲜藕切片是如何切的，因为这是很有讲究的。每一块藕片实际上是两块薄片合成的，而且切的时候，这两块薄片不能完全切开，要粘连在一起。

师：你观察得真细致！

生：妈妈还告诉我，放进油锅中炸的时候，先炸至金黄色，捞出来，等凉了之后再炸一次，只有这样，做出的藕夹子才会更加香脆可口。

师：同学们通过仔细观察、调查、咨询，在网上查阅资料，对家乡产品的有关资料了解得很丰富、很全面。经过主动探究、观察思考，即使同一种产品，在不同的同学眼里也有它与众不同之处，它们各具特色，你们很有创造精神！

创设访问的情境，创设轻松的谈话形式，并且在访谈时有学生与学生之间的互动，有学生和教师之间的互动，这样的形式激发学生交流的愿望，使他们主动投入交流活动中去。通过大家的交流，进一步丰满素材，唤起学生的习作欲望。

（3）阅读例文，习得方法。

师：沈平平同学根据要求写了一篇《银杏》，写得很好，被当作例文。下面我们认真读一读《银杏》，看看小作者是怎样逐步详略得当地把银杏介绍清楚的，小作者写得好在哪里？

师：出示问题，思考：这篇例文先写了什么，后写了什么？用"——"画出来。

生：这篇例文先写了银杏的枝干、叶、花、果的特点，再写银杏的价值，最后写出人们为什么称银杏为"活化石"。

师：那么小作者是怎样逐步把银杏的特点、价值、被称为"活化石"的原因写明白的呢？先写了什么？再写了什么？最后又有了怎样的补充？

生：小作者观察得很仔细，写出了自己眼中的银杏的样子，文章语言生动。

生：在观察的基础上，沈平平询问老师，查阅有关资料，知道了银杏的价值和为什么称银杏树为"活化石"，掌握的资料全面具体。

生：文章先写了银杏的外形特点，再写了它的价值和为什么称它为"活化石"，文章条理清晰，重点突出。

师：既然沈平平同学的习作有那么多的成功之处，我们在写作时可以借鉴她的方法，尽量把自己的文章写得生动、具体。

针对第三学段学生的学习能力，要引导学生有选择地使用例文。把对例文使用由简单地模仿，逐渐提高到有选择地借鉴。引导学生借鉴范文言之有物、言之有序、重点突出的表达方法，要内容真实、具体。

（4）谋篇构思，快速成文。

师：根据自己已有的资料，想一想怎样才能写好家乡的特产？（给学生思考的时间，让学生列出简单的写作提纲）

师：现在请大家开始动笔。记住，根据自己的思路要一气呵成地写下去，遇到不会写的字或者用得不准确的词语可以先忽略过去。

（学生写作，教师巡视，根据学生的实际问题做好调控）

（5）修改草稿，完善习作。

师："文章不厌百遍改"，文章越改就会越精彩。请大家出声读自己的作文，边读边想，我们应该从哪些地方进行修改？

生：有没有错别字、用词不当的地方。

生：句子是否通顺。

生：自己想介绍的产品的外部特点、价值、用途等方面是否说得清楚明白，是否做到详略得当，想想有没有需要补充的内容。

生：还可以同桌之间互相修改。

师：请同学们根据大家的意见，结合自己所写的内容再一次进行自我修改。

在修改过程中，引导学生围绕本次习作的学习目标，通过"改—评—改"的思路进一步提高习作的质量，有针对性地落实本次习作教学的目标。在课堂上及时反馈、评改、加工，比老师单方面精批细改习作的实际效果好得多。

第三板块：习作延伸，展示交流。

师：针对本次习作要求，我们评改哪些方面的内容？

生：字、词、句、段、篇、标点符号等。

生：看习作字迹是否工整、正确，用词是否准确、生动，语句是否通顺、形象。

生：段落是否详略得当、衔接自然，内容是否生动具体、条理清楚。

生：我们还可以把自己的习作做成图文兼美的小报，以学习小组为单位张贴布置墙报栏，展示交流。

此环节意在进一步延伸习作的兴趣，把学生自己满意的作品张贴出来，引起生生之间的学习和交流，取长补短，使学生有成就感，激发学生习作热情。

【学生习作例文】

院子里的桂花

中秋节到了，桂花又开了。

在姥爷住的院子里，有一片比我年龄还要大的桂花树，妈妈常带我去闻那桂花的香味。她说世上最朴实又最典雅的花就是桂花了。它小小的花瓣却会散发出迷人的悠长的香气，让人心旷神怡。而在桂花开得最迷人的时候，那股子香气，也确实令人魂牵梦萦。桂花便成了妈妈最喜爱的花了，然而我却不以为然。

最近，我读了女作家琦君的《故乡的桂花雨》，作者对桂花香味的"魂牵梦萦"，让我对桂花有了种好奇。带着这种好奇，我又找来了《桂花香飘云天外》《飘落一身桂花雨》等有关桂花的文章，想看看人们为什么对桂花如此喜爱。

"香气浓郁的花'或清或浓，不能两兼'。然而，桂花却具有清浓两兼的特点，它清芬袭人，浓香远逸，它那独特的带有一丝甜蜜的幽香，总能把人带到美妙的世界。""满树金黄细小的花儿，点缀着红叶娇艳的季节。更有那浓郁的芳香，袭人心怀，沁人肺腑。又在芳香中带有一丝甜意，使人久闻不厌。"……

好美的语句，好美的花，文章对桂花的描写是那样的神奇，读着读着我深深地被感动了，就仿佛来到了一个仙乐飘飘的梦境里，享受着美好的气息。慢慢地，我对桂花产生了一种熟悉的感觉。

"桂花分金桂、木樨、银桂、丹桂……"我装着老道的样子对妈妈说着，牵着妈妈的手，在中秋月下，走进楼下的那片桂花林。

远远的，我闻到了扑鼻的香气，一阵风儿吹过，瞧，那一棵棵婆婆的桂花树，随风摇曳起来了。咦？那是什么？好似金色的蝴蝶，好似银色的彩带，缠绵地飘呀飘，飘落下来，飘到了地上。桂花虽然没有琦君故乡那么多，然而我却真感觉就像琦君所说的，成了"金沙铺地的西方极乐世界"。一片片黄黄的、小小的花瓣，带着浓郁的香味，飘到了我和妈妈的头发上、身上、鞋上。我伸开双臂惊呼："桂花雨！妈妈，这就是桂花雨！原来书上说的都是真的……多么浪漫，多么奇妙，多少梦幻啊！"我仰起头，桂花落在了我的脸上，轻轻的，细细的，带着花香，抚摸着我的脸，对我诉说着。

桂花，曾经并未使我心动，也未使我心欢，可是当我走近它，聆听漫天花之语时，它的无言，早已胜过了有声。而在走近的那一瞬间，它告诉了我它所有的美丽，同时，它也向我倾诉了它所有的情感，它告诉我它的香气怡人，它对我诉说它的舞姿缤纷……这怎不让人兴奋，我沐浴了一场桂花雨。那天晚上我的梦里全是它。

【板书设计】

介绍家乡的一种产品

产品名称、外部形态、价值、用途、特点

顺序　详略

4.《一次有趣的实验》教学实录。

【教学理念】

观察是我们获取作文材料的主要方法之一。生活是作文的源泉，在教学中应重视写作前的作文活动设计，让学生学习观察、摄取和感悟，使作文教学达到"易于动笔、乐于表达"的美好境界，从而有效地提高学生的作文能力，提高学生的综合素质。中心应是"有趣"，如何写出当时的有趣，是一个难点，要激起学生的兴趣，并且使学生学会观察。

【教学目标】

（1）初步学会仔细观察事物的变化。培养学生仔细观察周围事物、勤于思考、乐于探究的习惯，增强持续观察的意识。

（2）能按照实验的过程有顺序地记叙实验的经过，并能写清楚人的动作、语言和心情变化。鼓励学生大胆想象、推理、表达，在语言表达中体验成功的快乐。

（3）激发爱科学用科学的兴趣。

【教学重点】

把实验的经过和自己的感受具体地写下来。

【教学难点】

能按照实验的过程有顺序地记叙实验的经过，并能写清楚人的动作、语言和心情变化。

【教学过程】

（1）激趣入题，引导探究乐趣。

师：今天，老师给同学们带来了一个魔术般的实验。想看吗？

生：想。（师出示名言，生齐读。巴甫洛夫说：观察、观察、再观察；伽利略说：一切推理都必须从观察与实验中得来）

师：感谢两位大师的指点。接下来请擦亮你们的眼睛，这是托盘，这是塑料杯，（拿过塑料杯，透过杯子面向大家）看得见吗？

生：能看见，这是一个透明的塑料杯。

师：拿出硬币。想知道接下来会发生什么事吗？

生：想。

师：采访之后更精彩。下面我来采访一下，你刚才看到了什么？

生：老师展示了今天课堂上要用到的实验器材。

师：你此时在想什么呢？

生：这么简单的器材，能做出什么样的实验呢？

生：今天是4月2号，又不是愚人节，老师不会想愚弄我们吧？

师：想得非常好，你能再加上时间、地点、人物连起来说一下吗？

生：今天的作文课上，老师拿出了一个托盘和一只塑料杯，说要做一个有趣的实验。我想，今天又不是愚人节，这么简单的器材，能做出什么实验啊？老师不会想愚弄我们吧？

师：恭喜你，你已经掌握了一种作文开头的方法。

做实验之前，先让学生检验实验器材，很自然地引发了学生的好奇：这么简单的器材，能做出什么样的实验呢？吊足了学生探究的胃口。但教师不忙做实验，而是进行了现场采访，引导学生把看到的、想到的，用连贯的话表述出来，并告诉学生这是一种很好的作文开头方法。可以说是欲扬先抑。作文开头方法的引领，让学生在情境中习作，没有一点刻意和负担，这是生活作文的理念。

（2）组织活动，摄取习作素材。

师：做这个实验，需要两位助手，谁愿意？（两个学生上台）

师：实验开始了。老师先在托盘上放一枚硬币，然后用一个透明的杯子压在硬币上，注意杯口朝上。此时从侧面看，你能看见硬币吗？

生：能。

师：接下来将是见证奇迹的时刻。（向杯中倒水，拿着托盘走动一圈）你还能看见硬币吗？

生：硬币没有了。

生：（努力揉眼）这是真的吗？我简直不敢相信自己的眼睛。

师：实验继续进行，奇迹再次发生，你看到了什么？想说点什么吗？

生：硬币又出现了。

生：这怎么可能？老师，你是怎么做到的？

让两位学生当代表上前观察、校验，学生身临其境，好奇心陡然上升。在实验过程中，教师与两位学生代表的对话，更起了推波助澜的作用，让气氛浓厚。

（3）创设情境，交流活动发现。

师：同学们，你们想不想亲自体验一下这个神奇的实验呢？

生：想。

师：下面，我们来回顾一下实验的步骤。（课件出示实验步骤，请一生读）

师：实验器材老师已经帮你们准备好了，下面请各小组在组长的安排下完成实验。（生做实验，师巡视）

师：同学们，实验做好了吗？现在我想请同学们说说你们是如何做这个实验的？（生汇报）

师：如果仅说实验的主要步骤，就像一棵大树只有树干，却没有枝叶，光秃秃的，好看吗？现在我们来给它"添枝加叶"，可以加一些什么呢？

生：实验时同学的动作。

生：我们的神态表情。

生：我们说的一些话。

生：我们的心理活动。

…………

学生按步骤做了实验，他们最想知道实验的结果。所以，汇报多集中在这一方面。这时，教师及时点拨：光秃秃的大树，好看吗？我们来给它"添枝加叶"。因为这毕竟是一次习作指导，不能让学生脱离实验，一句"可以加一些什么呢？"及时打开了学生的思路，很快就有了选择的切入口：动作、神态、语言、心理活动……学生就有方向，有内容可写了。从下面学生的描写来看，真的让实验生动起来，而不仅仅只是原来的好奇。

师：同学们，刚才老师巡视，发现你们都写得很认真。但由于时间关系，我们暂时先写到这儿。下面就请你们把写好的部分跟大家交流一下。

生：实验开始了，我们将事先准备好的清水倒入杯中，随着流水的不断注入，我的心也扑通扑通跳个不停，我迫不及待地想知道接下来将会发生什么。那一刻，我感到周围的空气都凝固了，每个人都屏住呼吸，凝神地期待着下一刻将要发生的事情。奇迹出现了，硬币消失了！"哇——""太神奇了！""真是不可思议！"周围像炸开了锅似的，同学们发出了惊叹声。接着我们又进行了下一个步骤，轻轻地慢慢地往碟子里加入清水，那枚消失得无影无踪的硬币又出现在我们眼前。我的脸兴奋得快要红了。一向聪明的我满脑子都是问号，真是奇了怪了，好好的一枚硬币，怎么就一会儿消失，一会儿又出现呢？

师：这位同学很好地把自己当时的心理变化描写了出来，而且还善于抓住环境描写来衬托，让读者仿佛身临其境。

生：实验开始了。我首先检查了一下器材，确定没有问题后，才小心翼翼地将杯子压在硬币上，生怕它跑了。然后，我开始按老师所说的往塑料杯里加水。这时，奇迹发生了！那枚硬币竟从一开始的清晰可见变得模糊不清，最后完全消失了。我疑惑不解，站起来从上面看了看，硬币像安安静静的小娃娃正"睡觉"呢！我虽百思不得其解，但也没停下实验的脚步，向托盘里加水，神奇的一幕再次出现了，硬币居然又出现了，周围的同学因这一"奇观"而瞪大了双眼，张大了嘴巴。

师：这位同学抓住动作，描写了他的实验过程，特别将实验的细小变化描写了出来，让人感觉神奇。

生：我怀着一颗好奇的心情，小心翼翼地用杯子压在硬币上，慢慢地往杯子加水。什么？我简直不敢相信自己的眼睛，硬币竟然凭空消失了，我下意识地望了望四周，以为有哪位魔法师"移空取物"将硬币给偷走了。我抑制不住自己的好奇心，边说边将杯子移开："不可能吧，我来瞧瞧！"此时此刻，这里的硬币像一个乖宝宝躺在盘子里，好像对我说："我很乖吧，一直在这里。"我周围的同学个个都抓耳挠腮的，想知道其中的奥秘。

师：这位同学在描写实验过程时，语言和心理相结合，让人觉得硬币好像在与他捉迷藏呢！

评析：教师的评点很到位，尽管三位学生的片段描写有相近之处，但教师抓住了他们的特色之处，很好地照应了前面所揭示的几个角度，也让学生体会到不同的描写同样可以很精彩。

师：刚才，我们是从侧面观察的，如果从上面观察呢？（生再做实验）由此你想到了一句什么样的诗。

生：横看成岭侧成峰，远近高低各不同。

师：要想深入透彻地了解这个实验，除了要仔细观察，还需要——

生：亲自实践。

师：正如刘向所说，耳闻之不如目见之，目见之不如足践之。（板书）这是为什么呢？同学们还记得筷子放入水中，我们会感觉筷子断了，这就是光的折射。这个实验也正利用了这个原理。其实啊，光就是一位神奇的魔术师。当光遇到空气中的小水滴就折射出了美丽的彩虹，人们在沙漠中和大海上常常会看到一些幻影，称为"海市蜃楼"。现在明白了吗？用一个成语形容一下你们的感受。

生：恍然大悟。

生：豁然开朗。

师：实验做完了，请同学们谈一谈通过这节课的学习，你收获了什么？

生：在今后的生活和学习中，我们要学会仔细观察。

生：看事情和问题，不能单从一个方面看，要多角度思考。

师：不能盲目崇拜，要相信科学。

评析：换一个角度看，常常会有创新。再次实验让学生有了新的发现。教师顺水推舟，揭示其中秘密，并告诉学生要相信科学，这个实验其实是一种科学现象。学生收获的不仅仅是一次神奇的实验，更懂得了观察和思考。

（4）自主表达，拟定个性文题。

师：同学们说得不错，可以把它作为一篇文章的结尾。说到这儿，正文部分就已经形成了，可以先写实验前的各种准备，再写实验的主要步骤，最后写实验后的收获。"花香蝶自来，题好一半文。"拟定一个好的题目等于行文成功了一半。俗话说："题目就是文章的眼睛，画龙需点睛。"现在，请围绕这次实验为你的文章想一个题目吧。

生：一次有趣的实验。

生：一次神奇的实验。

生：非凡魔术师——光。

生：光的魔法。

师：生活中处处都有学问，只要我们留心观察，多思、多想，就一定能写出更多别出心裁的文章。

评析：在课的结尾，教师仍不忘提醒学生注意文章的结构，指导比较切实，防止学生出现只重局部、不重文章整体的现象。而从几位学生对习作题目的设计，可以看出这次实验给他们带来的震撼。

（5）互批互改，提高习作素养。

师：下面我们就来看看大家的大作。我们先在小组内进行交流。（大屏幕出示交流要求）

1）先在小组内相互之间读读自己完成的初稿，然后其他人进行评价。

2）在听同伴读的时候，一定要听清楚同伴的实验经过和感受是什么，有没有写具体。

3）主要对老师和同学的语言、动作、神态以及心情变化做出自己的评价。

（学生小组内进行交流评价，教师巡视指导）

师：看到大家在小组内讨论得很热烈，我现在想请一位同学上讲台来和大家分享自己的习作。

（学生上台朗读自己的习作，其他同学评价）

师：真是一篇很好的习作。你一开始是不是就写这么好？

生：一开始其实写得不怎么样，后来在小组内讨论时，发现其他同学在人物的语言、动作、神态、心理活动等许多方面都写了，就想着要自己加一点内容。后来，在读自己的习作时，又发现一些句子不太通顺，于是结合同伴和自己的朗读把习作修改了一遍。

师：他刚才所说的，其实就是我们修改习作的方法。习作修改，首先要自己多读，然后再多了解别人的写法，这样才能有更好的习作出来。想不想自己的习作也能有更多的进步？

生：想。

师：修改的方法知道了吗？

生：知道。

师：那就请大家在课后的时候多读读自己的习作，再多听听别人的习作，然后修改、誊写。

评析：都说好文章是改出来的，但具体怎么修改，许多老师没有明确地告知学生。本环节，教师通过学生上台交流，变相地说明了修改习作的方法。这样的教学实现了从学生中来，又到学生中去。学生收获的是方法，更是自信。

【板书设计】

一次有趣的实验

先……再……后……

后记　愿做一颗有活力的"小石子"

说来也奇怪，回想了一下自己读书和教学的时光，每次都会与作文有着千丝万缕的联系。

读小学时，因为写了一篇《雨》，让我第一次站在讲台上骄傲地向同学介绍我的写作过程。那次，让我对习作有了更多的热情。读师范时，因为发表了一篇叫《打开窗吧……》的小诗，让文选老师和班主任对我刮目相看，也带动了我更多地阅读与汲取。而当我走上三尺讲台，拿起课本教书时，我第一次参加的校内教学比赛竟然也是一节习作教学课；等做了教研员后，我申请的第一项课题就是苏教版的习作课题。如是种种，让我对作文有着异乎寻常的热情。可以说，是习作让我从教学中获取了更多的快乐，是习作真正牵着我一步一步迈向教学的佳境。

不得不说，教研员的工作让我受益匪浅，因为我可以有更多的时间去学习、去总结。在学习过程中，我更关注习作教学的图书与课例。每次看习作教学方面的书，我都会在书上写下自己当时的感想与收获；每次听完一节习作课例，我会将课例完整地记录下来，然后去揣摩教者每一个环节中的目的与用意，去总结作为一名一线教师从中能汲取到什么样的教学手段，最后再根据教者的设计去尝试着设计相应的课例。这样循环式的"学习—总结—实践"的过程，让我对习作和习作教学有了许多自己的认知。

然而，就算自己对习作和习作教学有了一些自己的认知，我都没有想过要将这些东西积攒成册出版。去年暑假和几个热爱教学的老友在一起聊天，当我就习作教学"高谈阔论"时，几个友人鼓励我说，把东西整理出来吧，也好让大伙儿开开眼。说实话，友人们的鼓励，并没有让我有那么一点点的心动。直到去年下半年开始指导教师参加滁州市级的习作教学比赛时，我才发现，如果有一本书给予他们更系统性指导该是多么好的一件事。于是，我便打开自己的电脑，重新修改、补充自己当初的一些总结，并及时分发给选手阅读。两个多月以后，当两位选手都获得优异成绩时，我才发现自己之前整理出来的习作教学文字竟然达到了十几万字。这让我非常兴奋，一种结集成册的念头闪过脑海。

念头也只是念头，真的要想把自己的东西编辑成书呈现在别人面前，还是需要更多的勇气。毕竟，当前研究习作教学的人很多，教学方面的专家、知名的作家，中国的、外国的……他们都在不同领域、不同层面上给出了许多完美的思辨材料。而我，一名普通的教研员，又怎么能在他们这些优秀成果面前发声呢？于是，手中捧着文稿，心里却将想出书的念头给打消了。

朋友再次相聚，当有人问我习作教学的稿子写成了没有时，我向他们递上了自己两份书稿中的文章。没想到的是，朋友竟然给出了很高的评价。他们都认为，我做的这些内容，走的是和别人不同的路子——紧扣着教材，充分利用课文形成相应的习作方法，然后指导教科书中单元习作的教学。可以说，我这样的教学思路是一个由阅读指导写作，再由写作帮助阅读的过程，对于一线教师的教学有很好的指导作用。我知道朋友说的那些话中鼓励我的成分更多，他们只是希望我能坚持着去做一件事。但这样的鼓励，让我终于点燃要把文稿做好的念头。

接下来的时间里，我利用一切可以利用的时间来修改、完善。每改一段，心中便多一份喜悦，多一份执着，更多一份成就感。当所有文稿展现在我的眼前时，那份如同欣赏自己孩子的激动心情油然而生。

这是我生命中的第一本书，她倾注了我全部的心血。在此，我要感谢梅建兵等一批天长小语人为本书稿所做的工作！尤其感谢胡晓燕老师一直以来对我的关心和帮助！

我知道书中还有许多不足的地方，恳请各位读者能多多包容与谅解。我也知道，自己的底子比较薄，只有不断丰厚自己才能无愧于帮助过我、扶持过我的人，才能无愧于对我怀有殷殷期盼的人。

习作教学之路是一条充满活力的路，有活力就会有精彩，有精彩就会有美不胜收的风景。我不苛求自己去做那美不胜收的风景，我只愿自己能为这习作教学之路做一点力所能及的事情——做一颗有活力的"小石子"，为来者献上一寸的平坦。

李玉勤

二〇一八年一月六日于安徽天长